U0466488

红色工业 中国工业发展之路

# 首都钢铁公司

中国科学技术协会 组编

冯书静 编著

中国科学技术出版社
中共中央党校出版社
·北京·

图书在版编目（CIP）数据

首都钢铁公司 / 冯书静编著 . -- 北京：中国科学技术出版社：中共中央党校出版社，2022.10
（红色工业）
ISBN 978-7-5046-8986-3

Ⅰ.①首… Ⅱ.①冯… Ⅲ.①首都钢铁公司—工厂史—史料 Ⅳ.① F426.31

中国版本图书馆 CIP 数据核字（2021）第 039492 号

| 策　　划 | 郭　哲　秦德继 |
|---|---|
| 策划编辑 | 李　洁　符晓静　张敬一 |
| 责任编辑 | 李　洁　齐　放　桑月月 |
| 封面设计 | 北京潜龙 |
| 正文设计 | 中文天地 |
| 责任校对 | 张晓莉 |
| 责任印制 | 徐　飞 |

| 出　　版 | 中国科学技术出版社　中共中央党校出版社 |
|---|---|
| 发　　行 | 中国科学技术出版社有限公司发行部　中共中央党校出版社 |
| 地　　址 | 北京市海淀区中关村南大街 16 号 |
| 邮　　编 | 100081 |
| 发行电话 | 010-62173865 |
| 传　　真 | 010-62173081 |
| 网　　址 | http://www.cspbooks.com.cn |

| 开　　本 | 720mm×1000mm　1/16 |
|---|---|
| 字　　数 | 138 千字 |
| 印　　张 | 14.25 |
| 版　　次 | 2022 年 10 月第 1 版 |
| 印　　次 | 2022 年 10 月第 1 次印刷 |
| 印　　刷 | 北京顶佳世纪印刷有限公司 |
| 书　　号 | ISBN 978-7-5046-8986-3 / K・954 |
| 定　　价 | 65.00 元 |

（凡购买本社图书，如有缺页、倒页、脱页者，本社发行部负责调换）

## 不忘初心，方得始终

鸦片战争以来，为了改变中华民族的命运，一代代仁人志士苦苦寻求救亡图存、民族复兴的道路。但是，从洋务运动的"自强求富"、维新派的"工商立国"、民族资本家的"实业救国"到割据军阀的"实业计划"等，均以失败告终。旧中国工业发展历程证明，没有先进理论的指导，任何政党和团体都不能带领中国完成工业革命，更不能完成社会革命和实现民族复兴。

1921年，中国共产党在嘉兴南湖一条游船上诞生。从此，中国共产党领导中国人民披荆斩棘、筚路蓝缕、艰苦创业、砥砺奋进，走过了艰难曲折的奋斗历程，创造了举世瞩目的辉煌成就，书写了波澜壮阔的历史画卷，留下了弥足珍贵的精神财富。

中国共产党成立伊始，就与工人阶级紧密联系在一起。安源煤矿、京汉铁路、香港海员的工人运动的胜利，展现了中国工人阶级坚定的革命性和伟大的斗争力量。中国共产党走上武装斗争道路之后，红色工矿企业成为革命物资的重要支撑，人民军工从一开始就确立了听党指挥跟党走的血脉基因。中央苏区时期先后创办了官田中央红军兵工厂、造币厂、纺织厂、西华山钨矿、公营纸厂等；安源煤矿、水口山铅锌矿等的产业工人是红军重要的技术兵种来源。抗日战争时期，军工部门领导成立了边区机器厂、延长油矿、盐矿、煤矿、黄崖洞兵工厂等，为坚持敌后抗日战争、夺取抗日战争的最后胜利做出了重要贡献，同时培养出刘鼎、李强、沈鸿、吴运铎、刘贵福等一大批军工骨干。解放战争时期，在东北解放区接收、创办了我军历史上第一个大型现代化兵工联合企业——建新工业公司，为中华人民共和国的建立做出了不可磨灭的贡献；东北铁路总局掌握的运输力量，为解放战争提供了重要后勤支持。

中华人民共和国成立后，在中国共产党的带领下，全国人民艰苦奋斗，在"一穷二白"的基础上，经过"三年恢复期"和两个"五年计划"，建立了独立且较为完整的基础工业体系和国防工业骨架。"三五"时期开始的三线建设提高了国家的国防能力，改善了我国国民经济布局。20世纪70年代初期，在国际形势缓和的形势下，开始了从美国、法国、日本等大规模引进成套技术设备的"四三方案"和"八二方案"，开始同西方发达国家进行大规模的交流与合作。

中华人民共和国成立后的近30年，中国共产党领导中国人民走完了西方发达国家上百年才走完的工业化道路，为改革开放后的全面腾飞打下了坚实基础。如今，中国已成为覆盖联合国产业分类中所有工业门类的制造业大国，工业增加值居全球首位。中国工业建设所取得的巨大成就，完美诠释了中国共产党为中国人民谋幸福、为中华民族谋复兴的初心和使命。

中国科协作为中国共产党领导下的人民团体，是广大科技工作者的精神家园。记录中国革命、建设、改革、复兴事业不断前进的艰辛历程，发掘工业遗产中蕴含的红色元素，以红色工业故事为切口讲好历史，传颂广大科技工作者、工人劳模的光辉事迹，传承好红色基因，赓续红色精神血脉，是科协组织义不容辞的责任。

百年征程波澜壮阔，百年初心历久弥坚。在加快建设科技强国、实现高水平科技自立自强的目标的引领下，新时代的科技工作者应该从党的百年光辉历程中汲取历史营养，汇聚奋进力量，始终听党话，永远跟党走，大力弘扬和践行以"爱国、创新、求实、奉献、协同、育人"为核心的科学家精神，以永不懈怠的精神状态和一往无前的奋斗姿态勇担建设科技强国的历史使命，推动新时代科技事业高质量发展，在建设社会主义现代化国家的新征程中做出更大贡献！

不忘激情燃烧的红色岁月，奋进波澜壮阔的强国之路，谨以此书系献礼中国共产党第二十次全国代表大会。

中国科协党组成员、书记处书记

# "红色工业"丛书编辑委员会

主　任：申金升

副主任：石　楠　张柏春

成　员（按姓氏笔画排序）：

于海宏　史朋飞　冯立昇　毕海滨　刘　萱
刘向东　刘伯英　齐　放　李　洁　杨　玲
吴善超　陈　玲　陈东林　符晓静　潜　伟

主　编：申金升　潜　伟

副主编：毕海滨　刘向东

编写组（按姓氏笔画排序）：

王巧然　亢　宾　冯书静　孙正风　李小建
武月清　赵其红

# 目录
## CONTENTS

**001 /** 第 1 章
　　　　首钢前世——龙烟铁矿公司

**015 /** 第 2 章
　　　　日寇掠夺　蜗步难移

**033 /** 第 3 章
　　　　筚路蓝缕　首钢诞生

**049 /** 第 4 章
　　　　工业承包　改革腾飞

**063 /** 第 5 章
　　　　技术创新　钢铁摇篮

**081 /** 第 6 章
　　　　举世创举　首钢传奇

**099 /** 第 7 章
　　　　高瞻远瞩　首钢之"首"

115 / 第 8 章

　　购买美国钢厂始末　播撒中津友谊种子

127 / 第 9 章

　　钢铁魂——领导关怀

137 / 第 10 章

　　钢铁故事——首钢"铁树钢花"

151 / 第 11 章

　　钢铁巨擘——首钢工程师

165 / 第 12 章

　　首钢掌门人——运筹帷幄　决胜千里

181 / 第 13 章

　　首钢搬迁——凤凰涅槃　浴火重生

195 / 第 14 章

　　工业遗产之"并蒂花"——"冬奥"与"科幻"

213 / 参考文献

红色工業

# 第 1 章
CHAPTER ONE

## 首钢前世——龙烟铁矿公司

首都钢铁公司（简称『首钢』）发展历程，乃是我国民族工业筚路蓝缕，从苦心经营到欣欣向荣的缩影，它的变迁体现了一个朴素的事实，即只有在中国共产党领导下，才能通过改革真正发展壮大民族工业。回顾首钢百年历史，要从首钢前身——龙烟铁矿公司说起。龙烟铁矿公司这个名字取自龙关县、烟筒山两个地名的第一个字，而这两地盛产『红染料』（即赤铁矿），可用于染布和给家具上色，还能炼铁打制刀斧、犁铧。正是这些『红染料』催生了龙烟铁矿公司石景山炼铁厂（首钢企业前身，简称『石炼厂』），不仅加快了中国钢铁工业发展进程，而且在很长一段时间里，龙烟铁矿一直是石炼厂的铁矿石主要供应源。龙烟矿床位于宣化、怀来、龙关三地之间，永定河上游洋河东北，铁矿床东西绵延数十千米。

1911年左右，直隶省龙关县（今河北省张家口市赤城县）居民发现当地的红石头（即含铁量较高的赤铁矿矿石）可用作"红色染料"，于是人们采石营生，销往北京和华北等地。1914年年初，旅居中国的丹麦矿冶工程师F. C. 麦西生（F. C. Mathisen）在北京街头被商贩售卖的一种红色染料所吸引。在阳光照耀下，他发现这种具有深红色和黄褐色，且夹杂着像肾状小球一样的块状物体，具有典型的赤铁矿矿石特征。麦西生通过商贩寻踪"红色染料"的产地——龙关县辛窑，并采集到样品。

之后，麦西生将此消息告诉来访友人J. G. 安特生（J. G. Andersson）*。1914年，第一次世界大战爆发，国际市场对钢铁的需求激增，钢铁工业成为衡量一个国家实力的重要标志。于是，中国掀起大办钢铁实业热潮，钢铁业成为当时最

---

\* 安特生是世界著名地质学家和考古学家，1874年出生于瑞典纳克省奥利布罗市附近乡村，毕业于瑞典乌普萨拉大学，获博士学位，并留校任教。他不仅具有深厚的地质学理论和实践，而且对科考探险抱有极大热情。1898年，安特生报名参加了那索斯特北极探险。1901年，他又随同瑞典南极考察团首次远征南极。之后，安特生发表大量科学探险著作，编写的《世界铁矿资源》和《世界煤矿资源》两本专著，奠定了他在国际地质学界的重要地位，赢得了世界声誉。瑞典政府任命安特生为国立地质调查所所长，并担任万国地质学会秘书长。1914年春，因中国地质科学创始人之一丁文江的推荐，安特生受中华民国北洋政府邀请，担任北洋政府农商部矿政司顾问。

---

第1章 首钢前世——龙烟铁矿公司

赚钱的产业。此时，北洋政府希望聘请西方地质学家到中国工作，帮助寻找煤矿和铁矿资源。丁文江向北洋政府推荐了安特生，而安特生很早就向往来到中国这个神秘的东方古国。于是，他在接到聘书后欣然赴任。由此，在麦西生家里，发生了安特生见到"红色染料"如获至宝的一幕。经矿样分析，安特生发现矿石含铁

◎知识链接

丁文江、章鸿钊、翁文灏三人被誉为开创中国地质科学界先河的"三大元老"。丁文江毕业于英国格拉斯哥大学，攻读动物学及地质学，获"格致科进士"头衔。（所谓"格致科进士"，指在1905年废除科举后，清政府举办的新式考试，考完后给留洋学生一个身份。"格致"乃是"科学"之意）章鸿钊毕业于日本东京帝国大学地质系，同获"格致科进士"头衔。翁文灏毕业于比利时鲁汶大学，专攻地质学，获理学博士学位，为中国历史上第一位地质学博士。

量为35%~58.7%，同时具有含硫少、磷分适度等优点，具备开采价值。1914年9月，安特生以地质学家的求实、严谨态度，派助手尹立生与麦西生一同赴直隶省龙关、怀来、宣化、赤城等县境内进行勘查，在龙关县一带的烟筒山、庞家堡、三岔口、麻峪口、辛窑等地的古生代地层中找到多处大型地下铁矿。在多处矿点中，烟筒山、辛窑一带铁矿蕴藏量极大，遂呈请北洋政府详细勘探。

随后，安特生与尹立生等人一同再次对龙关等地进行勘查，进一步掌握该地铁矿的分布情况。1914年12月，他们测得1∶10000地形地质图，当时估算"可采"矿量约5000万吨。因安特生"勘

探矿产成绩可观，而尤以发现龙关铁矿为著"，北洋政府特授予其"总统三等嘉禾勋章"以示奖励。龙关铁矿的发现，催生了石景山炼铁厂，加快了中国钢铁工业的发展进程。中华人民共和国成立后，仅龙关探明的矿产资源就有铁、锰、铜、石墨等矿藏15种。金属矿以铁矿为主，其中磁铁矿储量1.4亿吨，赤铁矿储量6000万吨。

1918年3月16日，北洋政府以"官督商办、官商股份各半"的方式筹资，正式成立官商合办的龙关铁矿股份有限公司（龙关铁矿公司）。掌握实权的北洋政府段祺瑞控制着龙关铁矿的开采权，委任陆宗舆\*为督办，丁士源为会办，张新吾为经理，安特生为技术顾问，一方面组织开采铁矿石，另一方面开始制订"建炉设厂计划"，选择炼铁厂厂址。1918年6月16日，陆宗舆向北洋政府农商部呈请将烟筒山铁矿划归龙关铁矿公司管理。1918年6月18日，农商部接到曾任财政总长的梁士诒等人的呈文，请求成立烟筒山铁矿公司。由此，陆、梁两派

---

\* 陆宗舆（1876—1941），浙江海宁人，1913年12月被任命为驻日公使。1915年年初，由袁世凯派遣，与陆徵祥、曹汝霖一起与日方代表谈判，签订"二十一条"。1917年8月，任中日合办中华汇业银行总理，成为日本的公开代理人，并多次经手向日本借款。1919年4月19日，任龙烟铁矿公司督办。五四运动中，与曹汝霖、章宗祥一同被群众斥为卖国贼。6月10日被罢免。1925年以后，一度出任临时参政院参政。1927年，任张作霖安国军外交讨论会委员，同年任交通银行总理。1940年，汪伪国民政府成立，被聘为行政院顾问。

展开争夺矿山开采权的斗争。最终，北洋政府决定将龙关铁矿和烟筒山铁矿撮合在一起，并请梁士诒等人入股。1919年3月，北洋政府各取龙关、烟筒山两地名的头一个字，成立"官商合办龙烟铁矿股份有限公司"，简称"龙烟铁矿公司"，并举行了股东会及董事会成立大会，新公司股本官股5000股250万银元，商股4689股229.55万银元，公司股东情况详见表1-1。龙烟铁矿公司是北洋政府创办的最大官僚资本企业，亦是当时中国北方最大的冶金企业。

**表1-1 龙烟铁矿公司股东情况一览（首钢提供）**

| 股东 | 出资（银元） | 曾任职务及社会关系 | 股东 | 出资（银元） | 曾任职务及社会关系 |
| --- | --- | --- | --- | --- | --- |
| 黎元洪 | 50000 | 副总统、大总统 | 张文生 | 25000 | 徐海镇守使、安徽督军 |
| 徐世昌 | 160000 | 国务卿、大总统 | 曲同丰 | 10000 | 将军府参军、边防军前敌总司令 |
| 冯国璋 | 50000 | 代总统、副总统 | 聂宪藩 | 10000 | 安徽省省长、京师灵九司令 |
| 段祺瑞 | 350000 | 国务总理、临时执政 | 薛之珩 | 10000 | 京师警察总监 |
| 靳云鹏 | 10000 | 陆军总长、国务总理 | 杨以俭 | 85000 | 怡立公司经理、天津警察局局长杨以德之兄 |
| 曹锟 | 10000 | 直隶督军、总统 | 陆宗舆 | 110000 | 交通次长、币制局总裁、驻日公使 |
| 龚心湛 | 10000 | 交通、内务、财政总长、国务总理 | 曾毓隽 | 50000 | 交通总长、京汉路局局长 |

续表

| 股东 | 出资（银元） | 曾任职务及社会关系 | 股东 | 出资（银元） | 曾任职务及社会关系 |
|---|---|---|---|---|---|
| 梁士诒 | 50000 | 交通、财政总长、国务总理 | 盛恩颐 | 300000 | 中国通商银行董事、汉冶萍公司总经理、盛宣怀之子 |
| 曹汝霖 | 220000 | 外交次长、财政总长、交通总长 | 章瑞廷 | 5000 | 恒记德军衣庄经理、张作霖之盟兄弟 |
| 章宗祥 | 11000 | 司法总长、驻日公使 | 周作民 | 5000 | 财政部库藏司司长、金城银行总经理 |
| 傅增湘 | 10000 | 教育总长、徐世昌总统顾问 | 冯耿光 | 5000 | 袁世凯总统府顾问、中国银行总裁 |
| 李思浩 | 30000 | 财政次长、总长 | 朱铁林 | 80000 | 徐世昌总统府收支处处长、金城银行董事长 |
| 权量 | 20000 | 交通次长、代理交通总长 | 李晋 | 50000 | 六河沟煤矿总经理、临城矿务局经理 |
| 陈任先 | 20000 | 教育次长、代理外交总长 | 胡笔江 | 65000 | 交通、大生、国华等多个银行的董事和监察人 |
| 周自齐 | 5000 | 农商总长、财政总长、国务总理 | 岳荣 | 10000 | 北京盐业银行经理 |
| 周家彦 | 5000 | 农商次长 | 邓君翔 | 50000 | 北京汇丰银行华经理、北京商业银行董事 |
| 于宝轩 | 20000 | 内务次长、经济调查局总裁 | 方仁元 | 40000 | 新华储蓄银行总经理 |
| 胡商彝 | 5000 | 山东政务厅长 | 姚煜 | 50000 | 营口交通银行总办、江海关监督 |

续表

| 股东 | 出资（银元） | 曾任职务及社会关系 | 股东 | 出资（银元） | 曾任职务及社会关系 |
| --- | --- | --- | --- | --- | --- |
| 王鸿陆 | 10000 | 山东盐运使、长芦盐运使 | 谢霖甫 | 20000 | 北京中华汇业银行经理 |
| 丁士源 | 50000 | 陆军部军法司司长、江汉关总监 | 张调辰 | 10000 | 冯国璋代总统府收支处处长、中国银行董事 |
| 傅良佐 | 38000 | 陆军次长、湖南督军 | 朱邦献 | 5000 | 北京盐业银行副经理、上海银行同业公会委员 |
| 李　纯 | 20000 | 江西督军 | 任凤苞 | 5000 | 盐业银行董事、金城银行董事 |
| 田中玉 | 25000 | 山东督军 | 清华学校 | 80000 | 挪用中华教育基金会的款 |

1918年下半年，龙关铁矿公司建设的采矿、测绘、机务、材料、化验、运输、会计、庶务、监工、秘书、医务11个处，机、铆、铁、木工4个厂，以及运输铁道、办公用房、职工宿舍等各项工程相继完成。1918年10月，烟筒山铁矿开工。1919年春，烟筒山铁矿开始出矿，且日产铁矿500吨，最高达700吨。截至1919年12月底，烟筒山铁矿共采铁矿约10万吨，其中4万多吨运往汉阳铁厂用于试炼生铁，200吨运往平津零售，其余5万多吨铁矿存储于烟筒山矿场。虽然铁矿平均含铁量达50%，但其含矽量超寻常铁矿含矽量1倍左右，故焦炭消耗量大，炼铁成本高。

因此，股东对此矿是否有冶炼价值、能否盈利，尚存疑问。第一次世界大战结束后，铁价陡落，且铁矿石、焦炭等各种原料运输成本高，由此运往汉阳铁厂的铁矿石的冶炼成本抬高，每吨生铁成本比预计高2倍多，平均每吨生铁亏损12.44银元，亏损总额约25万银元。因此，汉阳铁厂试炼龙烟铁矿矿石仅4个月，就被迫中止。此时，在北方筹建炼铁厂被紧急提上日程。

在炼铁厂选址上，陆宗舆指出："炼厂地点为公司生命所系，实系根本问题，初稍不慎，后悔莫及。故于选择之时至为详审。先定标准，以成本之低廉为主，而以地位之宽敞高燥、用水之适宜敷用、运输之便利、战时之安全等诸要件为辅。"并决心在中国北方建设最大、最先进的炼铁厂，将其作为北方工业中心。陆宗舆请美国专家和我国工程技术人员，通过一年的考察研究，选取宣化、通州、丰台、长辛店、卢沟桥、三家店、天津、石景山、垞里9处地方为备选厂址。经反复对比成本、交通、水源、地势及战时安全等因素，最终选择石景山作为炼铁厂地点。究其原因，石景山地处宽敞，交通便捷，铁矿石由京绥北来，煤焦由京汉南来，石灰石在附近将军岭开采，水源取自永定河；炼成之铁，东由京奉运至天津出口，炼制的副产品可售于京、津等地。由此，石景山成为炼铁厂址的理想选择，北洋政府决定在石景山东麓购地建厂，以58000银元征购1300亩*土地，作为炼铁厂建设用地。

* 1亩≈666.67平方米

龙烟铁矿公司石景山炼铁厂（简称"石炼厂"）从1919年筹建到1928年被南京国民政府接收的近10年间，完成80%以上的工程量，但因龙烟铁矿公司股本耗完，并负债累累，无法竣工投产。1919年2月，北洋政府农商部委托美国贝林马肖公司（Perein & Marshail Co），承办石景山炼铁厂的建筑及安装工程。美国贝林马肖公司为龙烟铁矿公司石炼厂设计了第一座高炉，该高炉设计采用钢壳斜桥双罐上料装置，日产铁250吨，为当时大中型高炉。炼铁设备及材料均由美国各大企业制造，其中炼铁炉、热风炉、锅炉由纽约马歇尔公司制造，耐火砖由美国哈宾逊公司提供，蒸汽鼓风机由阶苏兰德公司制造，蒸汽卷扬机由奥梯斯公司制造。同时，聘请美国工程师格林为工程顾问。中方管理人员均为当时国内顶尖人才，其中石炼厂工程师兼主任程文勋，毕业于比利时列日大学矿科；石炼厂副主任、工程师兼机务处主任符宗朝，毕业于美国密歇根大学机械系；化铁处主任胡博渊，毕业于美国麻省理工学院采冶科；土木处主任黄澄瀛，毕业于英国达能姆大学土木工程科；会计处主任冯宝鉴，毕业于北洋大学采矿科。

1921年4月，从美国订购的冶炼设备陆续运至石景山，其中有250吨炼铁高炉1座，该炉容积397.8立方米，有效容积367.78立方米；高白二通式热风炉4座，蓄热面积3360立方米×4；50马力立式蒸汽驱动上料卷扬机1台；2500马力送风机2台；直立水管式锅炉5台，每台蒸发量每小时4~5吨。这套当时世界上最先进的炼铁设备，耗费龙烟铁矿公司石炼厂总投资的一多半。按照格林工程师的最初设想，以及龙烟铁矿公司向农商部报告石炼厂建设工程进度时称，石炼厂建设工期为一年，到1922年5月全厂建成出铁。但因资金短缺，工程举步维艰。

此后，因军阀战争，内乱不断，政权更迭，石炼厂建设经费备受影响，从美国运来的发电机、抽水机、水塔等机械设备因无款提货（详见表1-2），致使工程停滞。

△ 1921年，建设中的龙烟铁矿公司石景山炼铁厂1号高炉（首钢提供）

◎知识链接

1922年4月29日,第一次直奉战争爆发,石景山正好处于战区,致使工程停顿。1924年9月15日,第二次直奉战争爆发,截至11月3日,第二次直奉战争结束,北洋政权落入奉系军阀张作霖之手。张作霖想把石炼厂建成他的军工厂,令其参谋长杨宇霆接办龙烟铁矿公司,并视察制订修建计划,企图建设炼钢厂。国民革命军北伐后,张作霖被赶出关外,石炼厂的修复计划落空。

表1-2 无款提取的滞留设施/设备

| 名称 | 数量 | 名称 | 数量 |
| --- | --- | --- | --- |
| 发电机(250马力) | 2台 | 水塔 | 1座 |
| 打风机 | 2台 | 水泵机 | 2架 |
| 抽水机 | 2台 | 绞车机 | 2架 |
| 发动机(500马力) | 6台 | 烟筒 | 3个 |
| 过磅火车(载重4吨) | 2辆 | 清灰炉 | 2个 |
| 锅炉 | 2个 | 热风炉 | 4个 |
| 升卷机 | 2台 | 化铁(高)炉 | 1座 |

1928年6月4日,国民革命军北伐成功。7月14日,国民政府发布公告,龙烟铁矿公司为官有财产,直辖于农矿部,成立"龙烟铁矿局"。7月22日,南京国民政府分别委派黎世蘅、李剑秋为"国民政府农矿部直属龙烟铁矿局"正、副局长,全部接收石炼厂、将军岭石灰石矿、烟筒山铁矿,龙烟铁矿公司成为国民党官僚资产的一部分。1929年6月,农矿部把"龙烟铁矿局"改

为"龙烟铁矿保管委员会",黎世蘅任主任。同年11月24日,龙烟铁矿公司移归国民政府铁道部管辖。总之,从1928年南京国民政府接收石炼厂,到1937年7月抗日战争爆发,9年间石炼厂建设工程仍毫无进展。

纵观龙烟铁矿公司的筹建过程,见证了军阀混战给中国经济建设带来的严重破坏。龙烟铁矿公司及石景山炼铁厂的创办,并没有向着股东们期待的"北方工业之中心"发展,反而以失败告终。

◎知识链接

直奉战争——北洋军阀统治时期(1912年4月—1928年12月),直系军阀和奉系军阀在中国北方进行过两次战争,分别是第一次直奉战争和第二次直奉战争。

第一次直奉战争的起因可追溯到1920年,直皖战争之后,直奉两系军阀共同控制了北京政权。奉系张作霖力推亲日的梁士诒任国务总理。受英国、美国支持的直系军阀吴佩孚,通电揭露梁士诒内阁媚日卖国的行为,迫使梁士诒于1922年1月托病离职。由此,直奉两系矛盾激化。1922年4月底,直奉两军在长辛店、固安、马厂一带混战,第一次直奉战争爆发。后经英国、美国调停,双方签订停战条约,第一次直奉战争宣告结束。

第二次直奉战争爆发于1924年9月,当时直、皖两系发动江浙战争,奉系张作霖以反对直系发动江浙战争为由,进攻山海关、赤峰、承德,直系吴佩孚受命应战。随着战事的发展,后因英国的干预,以及直系第三军总司令冯玉祥不满吴佩孚排除异己等行为,密谋倒戈,于10月23日发动"北京政变",宣告成立国民军。直军腹背参战,孤立无援,其在华北的主力军全部覆灭。11月3日,直军残部自塘沽乘船南逃,第二次直奉战争结束。

红色
工业

第 2 章
CHAPTER TWO

日寇掠夺　蜗步难移

钢铁乃是关系国计民生的重要战略物资，尤其在战争中的作用更为凸显。日本作为岛国，资源匮乏，制约发展。因此，对中国的战略资源觊觎已久。1937年7月7日，日本发动卢沟桥事变，此后不久，日本占领龙烟铁矿公司石景山炼铁厂，并将其易名为『石景山制铁所』。截至1945年8月，日本侵占石景山制铁所的8年间，既是一段中国人民遭遇苦难的血泪史，亦是一段在中国共产党领导下，中国军民奋起反抗并最终获胜的斗争史。1945年8月，国民政府接收石景山制铁所，同年二月将其改名为『石景山钢铁厂』。截至1948年12月，石景山钢铁厂在国民政府的统治下，其生产发展蜗步难移。

## 日寇铁蹄下的石景山制铁所

日本蓄谋侵略中国已久，对我国富饶的土地和丰富的矿产资源垂涎三尺。明治维新后，日本逐渐崛起，开始对外侵略扩张，并确定以中国为中心的"大陆政策"，而此时的清政府已是外强中干。1894年7月，中日甲午战争爆发，最终以北洋水师的全军覆没宣告清政府战败。迫于日本的军事压力，双方于1895年4月17日签订《马关条约》*。中日甲午战争失败后给中华民族带来了严重危机，不仅加深了当时中国社会的半殖民化程度，还加快了日本侵华脚步。

日本侵占石景山炼铁厂的历史，可追溯到龙烟铁矿发现史。1914年，龙关发现铁矿的消息一经传出，便引起日本的

* 《马关条约》，是1895年4月17日（光绪二十一年三月二十三日）中国清政府与日本明治政府在日本马关签订的不平等条约，原名《马关新约》，日本称《下关条约》或《日清讲和条约》。该条约的签署标志着中日甲午战争的结束。清政府全权代表为李鸿章、李经方，日方全权代表为伊藤博文、陆奥宗光。根据条约内容，清政府赔偿日本军费等共计两亿三千两白银，割让辽东半岛（后因俄、法、德三国干涉还辽，日本割占未得逞）、台湾岛及其附属岛屿、澎湖列岛给日本，并增开沙市、重庆、苏州、杭州为商埠，允许日本在中国清政府的通商口岸投资办厂。该条约使中华民族的危机加重，半殖民化程度加深。

关注，设于天津的大仓洋行，特派专员前往龙关勘察获取矿石样本。1916年，日本首相寺内正毅提出："以中国之有余补帝国之不足。"之后，日本多次派人搜集龙烟铁矿情报，为掠夺中国资源进行战略准备。

继1931年九一八事变，日本占领我国东北三省后，1937年7月7日，日军炮轰宛平城、攻打卢沟桥，再次发动侵华战争。1937年7月29日北平沦陷，之后，日本部分主力军安置在石景山区，占领龙烟铁矿公司石炼厂，并将烟筒山矿场存储的5万多吨铁矿石悉数运往日本九州八幡制铁所。

日本占领石炼厂后，采取军事管制，由日本华北派遣军特务部接管石炼厂和将军岭石灰石矿；特务部总务股主管石炼厂的总务、文秘、人事等事项，经理股负责预算、财务决算及现金保管和出纳等事宜。1938年年初，日本军部将石炼厂冶铁事宜交给日本对华开发的兴中公司\*经营，该公司将龙烟铁矿公司与石炼厂分割开。1938年4月10日，兴中公司按照日本公司命名习惯将石炼厂易名为"石景山制铁所"，依然实行军

\* 兴中公司，成立于1935年12月20日，日本关东军为便于掠夺中国华北地区重要资源，实施侵略政策，利用南满洲铁道株式会社（简称"满铁"，是日本对中国东北进行殖民侵略的最大机构）资本成立兴中公司。日本占领华北，兴中公司受日本军部委托，经营从中国掠夺的各类企业，包括煤矿、电厂、铁矿、冶铁业、盐业等。1939年2月，兴中公司的股票经南满洲铁道株式会社，全部转让给华北开发股份公司，成为其下属公司。

事管理；厂内从所长到次长、课长、系长、监工以及大小头目，全是日本人。随后，在日本制铁株式会社的协助下，石景山制铁所开始应急修复 250 吨炼铁炉（即 1 号高炉）工程，并于 1938 年 11 月 20 日完成应急修复，进行点火开炉，正式投产出铁。石景山制铁所 1 号高炉自 1938 年 11 月点火开炉生产起，至 1945 年 8 月日本投降归还中国，在这 6 年 10 个月的时间里，1 号高炉曾分别于 1941 年 8 月和 1945 年 3 月，进行过两次熄火大修。此外，1938 年 4 月，制铁所开始在工厂西北部修筑 50 座土法炼焦炉，并于同年 11 月竣工投产，自此制铁所的炼铁设备的安装与配套工程全部完成。

1939 年 1 月，日本侵略军要求兴中公司关于石景山生铁销售，

△ 1937 年七七事变后，日本侵占石景山炼厂，改名为石景山制铁所。1938 年 11 月 20 日，修复后的 1 号高炉投产（百年首钢发展历程主题展）

优先军需、建设及开发，剩余部分方可民用。其中，采取直接销售方式供应军队、中华民国临时政府及北支开发会社的子会社所，并指定三井物产株式会社和三菱商事株式会社供应"民间"生铁。同年9月，日本投资138万日元，久保田铁工所成立北平工场。同年11月，该铁工所北平工场的铸管

◎知识链接

北平，是北京最早的称呼，约于1368年9月12日称北平。1427年，北平作为明朝都城，改名为北京。民国时期，于1928年6月20日，又改称为北平。日伪政府于1937年10月12日又将北平更名为北京，但实际因未得到中国政府和人民的承认，北平的名称仍在此阶段沿用。1945年，日本投降，又易名为北平。1949年9月27日，中国人民政治协商会议全体会议决定：中华人民共和国定都于北平；自即日起，将北平更名为北京。

工场及其他建筑物，在石景山制铁所北面杨家坡东麓开始工程建设，1940年4月完工。石景山制铁所生产的生铁在久保田铁工所北平工场被铸造成各种铸件，设计日产能力约30吨。此后于1942年7月，该铁工所又建成投产异型管工场。

日本当局为加大对中国重要资源的开发和掠夺，于1938年10月30日成立更加庞大的垄断机构——华北开发公司，日本人大谷出任总裁。该公司全力经营华北交通、矿产、电力、制盐等基础产业和军工产业，其中矿产方面，以制铁业为首。1939年2月，兴中公司将全部股票转予华北开发公司，继而成为华北开发公司的下属单位。华北开发公司在石景山制铁所活动一年多后，日本军部于1940年12月1日下令，由华北开发公司与日本制铁所株式会

社各出资1250万日元，共同经营石景山制铁所，并且合并将军岭石灰石矿，将石景山制铁所更名为"石景山制铁矿业所"。12月20日，兴中公司解散，华北开发公司正式全权接管石景山制铁矿业所。

1941年3月，石景山制铁矿业所开始修建索尔维（SOLVAY）废热式360吨炼焦炉及相关附属设施。该套设备从日本八幡制铁所移来，其炼焦炉分4组，每组25孔，共计100孔。这四组焦炉相继于1942年3月、6月和7月建成投产。在此期间，石景山制铁矿业所还建设了洗煤工场、发电所等。1941年11月，石景山制铁矿业所开始建设第一洗煤工场，该工场为半直接法洗煤设备，从日本八幡制铁所迁建而来，并于1942年11月建成投产。1942年7月，制铁矿业所完成第二发电所的土木工程，并于8月开始安装发电设备，其为上海拆迁的"上海华商电气公司"的3200千瓦和6400千瓦发电机组。

随着战争形势白热化，日本掠夺中国华北资源的野心越发膨胀。1942年12月15日，日本制铁株式会社与日本华北开发公司，各出资5000万日元，组建"北支那制铁株式会社"，专门从事掠夺华北地区钢铁资源的活动。1943年之后，因战争需要，日本当局开始扩大制铁矿业所的生产规模，急速拆迁中国上海及天津的旧有炼铁设备，在制铁矿业所筹建11座日产20吨生铁的小高炉（俗称特型炉）；并从湖北大冶迁建2座日产540吨生铁的废旧高炉及相关设备。同时，北支那制铁所、釜石制铁所、八幡制铁所、日铁运输局开会研究，决定从日本拆迁炼铁设备，以扩建石景山制铁矿业所。其中，从日本釜石制铁所拆迁的设施和设备，包括日产 380 吨生铁的第 8 号炼铁高炉（迁建为 2 号高炉）及配套热风炉等附属设备，日产 270 吨焦炭的炼焦炉 1 座（建成 2 号炼焦炉）；从日本大谷制铁所拆迁的炼铁旧装备，包括日产 600 吨生铁的炼铁高炉 1 座（迁建为 3 号高炉）、日产 540 吨焦炭的炼焦炉 1 座（迁建为 3 号炼焦炉）。

1943 年 2 月，北支那制铁株式会社接收"石景山制铁矿业所"，并将其名称改回"石景山制铁所"。制铁所为积极筹建将来炼铁及炼钢的配套设施，相继修建了第二及第三贮水池、第二洗煤工场、送风机给配水设施、高炉冷却水管道设施及矿石筛分装置等。1944 年 7 月，石景山制铁所改良修建蜂巢型焦炉 319 座，即一种长方形炼焦炉，于 1945 年 7 月相继竣工投产。1945 年 5 月，制铁所迁建山东青岛火油厂的 3 套横釜式焦油蒸馏设备，一个月后，建成投产蒸馏煤焦油。1945 年 8 月 15 日，日本天皇裕仁发布"终战诏书"，宣告无条件投降。日本投降后，石景山制铁所的所有生产及土建工程相继停止。

抗日战争期间，日本从 1938 年 11 月至 1945 年 8 月占领石景山制铁所，进行正式生产长达 6 年 10 个月，共产生铁近 262617 吨，掠夺并消耗中国矿产及能源情况，详见表 2-1。日本在石景山制铁所迁建和修复并投产的主要设施、设备情况，详见表 2-2；动工

△ 1944年2月，正在建设施工的3号高炉附属设施地基。截至1945年8月日本投降，3号高炉工程只完成不足一半（百年首钢发展历程主题展）

修建但未投产的主要工程设施，详见表2-3所示。日本侵占石景山制铁所期间所掠夺的矿产资源用于生产军事装备，以进一步实施侵华战争，此段历史充分见证日本帝国主义的恶行与野心。

表2-1 日本侵占石景山制铁所期间掠夺资源一览

| 序号 | 品名 | 数量 | 运力（吨/千米） |
| --- | --- | --- | --- |
| 1 | 铁矿石 | 559113.153 吨 | 115032021.289 |
| 2 | 煤炭 | 869857.334 吨 | 438676397.069 |
| 3 | 焦炭 | 233181.859 吨 | 92555601.071 |
| 4 | 石灰石 | 503161.854 吨 | 7304022.394 |
| 5 | 水 | 25312374 立方米 | |
| 6 | 电 | 38342808.88 千瓦时 | |

表 2-2　日本占领石景山制铁所期间迁建和修复并投产的
主要设施/设备一览

| 序号 | 名称 | 规格 | 数量 |
| --- | --- | --- | --- |
| 1 | 1号炼铁高炉 | 日产生铁 250 吨 | 1 座 |
| 2 | 2号炼铁高炉 | 日产生铁 380 吨 | 1 座 |
| 3 | 特型小高炉 | 日产生铁 20 吨 | 11 座 |
| 4 | 1号炼焦炉 | 日产焦炭 360 吨 | 1 座 |
| 5 | 发电机组 | 3200 千瓦 | 1 套 |
| 6 | 发电机组 | 6400 千瓦 | 1 套 |

表 2-3　日本占领石景山制铁所期间动工但未投产的主要工程设施/设备一览

| 序号 | 名称 | 规格 | 完成工程量 |
| --- | --- | --- | --- |
| 1 | 3号炼铁高炉 | 日产生铁 600 吨 | 58% |
| 2 | 2号炼焦炉 | 日产焦炭 270 吨 | 82% |
| 3 | 洗煤场 | 处理原煤 140 吨/时 | 70% |
| 4 | 第二贮水池 | 120 立方米 | 40% |
| 5 | 机械厂土木建筑 | 8 座 | 45% |

石景山制铁所所在地区的抗日武装活动，充分证明了中国共产党领导的抗日军队担负着敌后战场的作战任务。1937 年，七七事变后不久，中共地下党组建以共产党员为领导的抗日游击队。同年 11 月，中国共产党领导下的华北敌后第一块抗日革命根据地——晋察冀根据地建立，该根据地区域的平西游击队常常出没于门头沟、石景山等地区，多次粉碎日伪军的扫荡活动，并积极主动打击敌人。据《制铁月报》(后改为《北支那制铁所作业月

报》)资料的不完全统计,日本侵占石景山制铁所期间,该地区共发生抗日武装活动59次。中国共产党领导的抗日武装力量在石景山地区的反侵略斗争中做出巨大牺牲。

据资料统计,1939年,在门头沟、石景山地区的抗战活动中,有较大影响的抗日事件约5次,先后共有约1400名共产党员和约400名抗日武装积极分子,参加抗击敌人的战斗。之后,日伪加强对石景山制铁所的管理和防卫措施。1940—1945年,中国共产党领导的地下抗日武装力量在石景山制铁所不定期开展相关活动,并逐渐壮大,给予日本侵略者强烈打击,使其产生恐慌。由此,石景山制铁所当局对中国共产党领导的八路军活动亦非常敏感。尤其是1944年,以八路军为主,抗日游击队协同作战的抗战武装活动更加频繁,对石景山制铁所的日伪防卫队形成战略威胁。

## 国民政府接管石景山钢铁厂

1945年8月15日,日本宣布投降,中国人民取得抗战胜利,石景山制铁所亦结束了被日本侵略者统治的历史。同年11月,国民政府行政院资源委员会成立办事处,从日本人手中正式接管石景山制铁所,将其更名为"资源委员会石景山钢铁厂"(简称"石钢")。日本投降后归还石景山制铁所时,其主要设备及资产,详见表2-4。彼时,正在运行的高炉有380吨高炉、200吨高炉和

表 2-4　石景山制铁所主要设备（1945 年 8 月）

| 类别 | 设备名称 | | 容量及能力 | 数量 |
| --- | --- | --- | --- | --- |
| 炼铁设备 | 高炉炉体 | 第一高炉 | 300 立方米（日产 200 吨） | 1 座 |
| | | 第二高炉 | 500 立方米（日产 380 吨） | 1 座 |
| | | 特设炉 | 70 立方米（日产 20 吨） | 11 座 |
| | 卷扬机 | 第一高炉用 | 3.4 立方米 | 1 台 |
| | | 第二高炉用 | 11.0 立方米 | 1 台 |
| | | 特设炉用 | 0.6 立方米 | 11 台 |
| | 热风炉 | 第一高炉用 | 3363 平方米 | 4 座 |
| | | 第二高炉用 | 6200 平方米 | 2 座 |
| | | 特设炉用 | — | — |
| | 鼓风机 | 第一高炉用涡轮鼓风机 | 700 立方米（2500 马力） | — |
| | | 第二高炉用煤气排送机 | 1340 立方米（2800 马力） | 1 台 |
| | | 特设炉用涡轮鼓风机 | 150 立方米 | 11 台 |
| | 煤气净化装置 | 第一高炉用 | — | 1 套 |
| | | 第二高炉用 | — | 1 套 |
| | | 特设炉用 | — | 11 套 |
| | 原料处理设备 | 第一高炉用 焦炭库钢架结构 | 400 吨 | 1 个 |
| | | 矿石库钢筋混凝土 | 4200 吨 | 1 个 |
| | | 石灰石库钢筋混凝土 | 3000 吨 | 1 个 |
| | | 第二高炉用 焦炭库钢筋混凝土 | 400 吨 | 1 个 |
| | | 矿石库钢筋混凝土 | 1100 吨 | 1 个 |
| | | 石灰石库钢筋混凝土 | 940 吨 | 1 个 |
| 化工设备 | 焦油蒸馏设备 | | 每年 4000 吨 | 1 套 |

续表

| 类别 | 设备名称 | | 容量及能力 | 数量 |
|---|---|---|---|---|
| 给排水设备 | 贮水池 | 第一贮水池 | 180000 立方米 | 1 个 |
| | | 第二贮水池 | 390000 立方米 | 1 个 |
| | 配水池 | | 800 立方米 | 1 个 |
| 焦炉设备 | 焦炉 | 第一焦炉 | 日产 300 吨 | 1 座 |
| | | 蜂房式焦炉 | 日产 200 吨 | 319 座 |
| | | 土焦炉 | 1 座容量 34.4 吨 | 400 座 |
| | 洗煤机 | 第一洗煤机 | 每小时 25 吨 | 1 台 |
| | | 里欧洗煤机 | 每小时 30 吨 | 1 台 |
| | | 里欧洗煤机 | 每小时 10 吨 | 5 台 |
| | 粉碎机 | | 每小时 30 吨 | 2 台 |
| | 煤气排送机 | | 每分钟 250 立方米 | 2 台 |
| 动力设备 | 锅炉 | 竖型水管式 | 每小时 4 吨 | 5 座 |
| | | 巴布科克 CTM | 每小时 20 吨 | 1 座 |
| | | 巴布科克 WID | 每小时 8 吨 | 4 座 |
| | | 巴布科克 WID | 每小时 6 吨 | 3 座 |
| | | 巴布科克 WID | 每小时 13.5 吨 | 3 座 |
| | 发电机 | 串激发电机 | 250 千瓦 | 2 台 |
| | | 卧式三相交流磁回转型 | 6400 千瓦 | 1 台 |
| | | 卧式三相交流磁回转型 | 3200 千瓦 | 1 台 |
| 运输设备 | 铁道运输线 | | — | 7.5 千米 |
| | 社内运输线 | | — | 3.5 千米 |
| | 机车 | | — | 5 辆 |
| | 货车 | | — | 80 辆 |
| | 起重机 | | — | 1 辆 |
| 车间 | 铸造车间 | | — | 1 个 |
| | 木模车间 | | — | 1 个 |
| | 加工车间 | | — | 1 个 |
| | 制罐车间 | | — | 1 个 |

△ 1945年国民党接收后的石钢全景（百年首钢发展历程主题展）

第六号20吨小高炉陆续冻结停产，厂内外治安紊乱，偷盗行为肆无忌惮，器材遗失不计其数，设施、设备损失巨大，给国民政府接管制铁所带来很大困难。

1946年3月底，国民政府基本完成接管任务，并开始大规模复建。其中，石钢急需修复的必要性主要有两方面：一方面，石钢是华北地区条件最优、规模最大的钢铁厂，对中国钢铁工业的发展具有奠基作用；另一方面，早日复工对维持当地社会稳定意义重大，且可以避免石钢遭遇更严重的破坏。石钢修复计划，是厂领导和相关技术人员共同研究制定的：最先修复200吨1号高炉及其辅助设备，计划于1947年开炉炼铁；其次继续修建日本人未完工的600吨高炉，同样计划于1947年完成；至于380吨高炉，因设备不完善，暂且搁置，不修理。同时，石钢开始着手修复焦化厂的炼焦炉、铸造厂、机电厂及运输等设施设备。

1946年制订的石钢修复计划，并未如期实现，而且就石钢开工存在的问题，天津《益世报》于1947年8月2日发文：

> 在高呼工业中国之今日，说来可怜，竟没有一个铁厂敢出铁供应。作为重工业必须之钢铁来源。惟最大问题，不在原料，交通诸问题，而在月产6000吨生铁，如何在市场上销售。胜利两年，未闻整个工业计划经人提起。固然内战方酣，政府无隙……然而今日，石景山钢铁厂计划日产200吨，尚在深为考虑。此区区数目，供给全国应用，不啻大海一粟。即便如此，尚不敢保证其销路如何……实令人为工业二字，感到羞惭。

对此，朱玉仑\*亦曾感叹我国钢铁事业的惨状，指出如果石景山钢铁厂再遇夭折，那么国家建设将不堪设想。可见，70多年前，中国钢铁工业的惨

---

\* 朱玉仑（1901—1989），直隶（今河北）临城人。1925年毕业于北洋大学矿冶系；1932年获美国伊利诺伊大学研究院工程硕士学位；1935年获美国西弗吉尼亚大学研究院工科博士学位，同年回国。曾任省立北洋大学教授、矿冶系主任，石景山钢铁厂经理。1938年，创建中国第一个综合性矿冶研究所国民政府经济部矿冶研究所，并任所长。1946—1948年，主持恢复石景山钢铁厂建设工作。中华人民共和国成立后，历任重工业部、马鞍山炼铁厂工程师、高级工程师，冶金工业部情报研究总所顾问，中国金属学会第一、第三届理事。1989年逝世，享年88岁。代表作为《从三十年代矿山生产的回忆看我国冶金矿山的发展前景》。

淡，以及当时国家整个工业体系亟待发展的急迫性。

眼看国民政府接收石钢已两年光景，花费千百亿元，却出工不出料，钱多数花在修葺房屋上，石钢复工日渐推迟。面对此状况，国民政府于1947年11月24日正式成立资源委员会华北钢铁有限公司\*；陈大受任总经理，朱玉仑任协理；石钢归属华北钢铁有限公司。1948年3月26日，石钢1号高炉终于点火开炉，成为当时全国唯一恢复生产的大型高炉。日本人当时建设1号高炉时，计划日产生铁200吨，国民政府为筹划早日开炉复工，集思广益，采取减产的办法，实现1号高炉日产生铁150吨左右。

\* 华北钢铁有限公司是抗日战争胜利后，由资源委员会接收日伪在华北地区的钢铁企业改组而成的官僚买办性质的企业机关，其下设秘书室、总务处、工务处、业务处、会计处等部门；下属有炼铁、炼钢、炼焦、化工、轧钢、铸造、机修、电力八大厂，以及天津炼钢厂、唐山制钢厂、宣化铁矿、青岛办事处等单位。

然而，好景不长，1948年秋，国民党意识到对北方的统治大势已去，紧急命令北平各工厂安排人员和设备南迁，石钢也不例外。华北钢铁有限公司总经理陈大受，接到关于"设备南迁"的密令后，着手制作包装木箱，积极准备设备拆运事宜。石钢中共地下党员白振东、王长林等人得知南迁消息后，一方面积极联系中共华北局城工部，请求指示；另一方面在石钢劝说并阻止工人拆迁机器设备。在中共华北局城工部的领导下，石钢的中共地下党员组织广大职工开展反对南迁的怠工护厂运动,工人日夜守护厂内设施设备,谨防破坏,迎接解放。

△ 石钢解放前夕,北平地下党组织派地下党员孙大文(右起第六人)等人进厂组织开展护厂工作(百年首钢发展历程主题展)

1948年12月初,中国人民解放军进军北平西郊,并于11日开始平津战役。12月15日,石钢1号高炉等生产设施及设备封炉停产。17日凌晨,中国人民解放军第四野战军所属48军143师攻占石景山,解放石钢。石钢在国民政府管理的3年中,共产焦炭47900吨,生铁36069吨,铸管705吨;其获解放时,仅存铁矿石约1000吨,煤700~800吨。至此,石钢历经30年的磨难之后,开始进入中国共产党领导的新时期。

红色
工业

第 3 章
CHAPTER THREE

**筚路蓝缕　首钢诞生**

1948—1978年是首钢成长壮大的30年,见证了中华人民共和国钢铁工业筚路蓝缕的奋斗历程。1948年12月17日,中国人民解放军解放石景山钢铁厂(简称『石钢』),开始大规模恢复建设。1958年,冶金工业部决定扩大石钢生产规模,将其建设为大型钢铁联合企业,并于8月15日,批准石景山钢铁厂改名为石景山钢铁公司。同年,石钢结束有铁无钢的历史。1959年,石钢在河北迁安地区开始大规模铁矿山建设,于1960年9月,大石河铁矿和选矿厂投入试生产,自此石钢结束有铁无矿的历史。1961年5月,石钢年产30万吨的中小型钢材生产线投入试生产,自此结束有铁无材的历史。石钢历经20世纪50年代末至60年代中期的生产扩建,初步建设成为集采矿、烧结、焦化、炼铁、炼钢、轧钢于一体的钢铁联合企业,基本具备钢铁联合企业雏形。1966年6月至1978年9月,石景山钢铁厂更名为『首都钢铁公司』。1966年9月,首钢力抗干扰,谋求发展,曲折前行。

## 1948年12月—1957年，恢复生产

1948年12月17日，中国人民解放军攻占石景山，解放石钢。12月20日，中国人民解放军北平市军事接管组正式接管石钢，成立石钢军代表办公室，实行军事管制。石钢成为北京市第一个国营钢铁企业，开始大规模恢复建设。1949年1月9日，石钢铸造厂恢复部分生产；3月12日，石钢正式开始第一期复工建设，主要项目包括1号高炉、1号炼焦炉、铸管机和轻油场等。4月21日，炼出第一炉焦炭；6月24日1号高炉举行点火典礼，26日5时石钢炼出中华人民共和国成立后的第一炉生铁。8月，石钢开始第二期复工建设，主要包括修

△ 1949年4月21日，1号炼焦炉恢复生产
（百年首钢发展历程主题展）

复2号高炉、2号炼焦炉、续建新机场、修建职工宿舍和扩大发送电能力等工程项目。截至1949年年底，石钢生产生铁约2.6万吨（半年）、铸铁管4673吨、焦炭约4.4万吨，超额完成当年的国家生产计划。

1950年2月，石钢成立职工业余学校，参加学习职工1706人。同年5月，石钢结束军事管制，建立厂行政机构，组建工厂管理委员会。6月，开始修复日本投降时铸死的380吨的2号高炉，12月25日复产，并于1951年2月10日点火投产，使石钢生产生铁能力增加一倍以上。1950年，石钢在管理制度上收获颇丰，共编制各种规章制度48种，主要包括：机器使用专责制度、机器检查制度、技术操作守则、车间成本计算制度、交接班制度、检验制度。

1951年，石钢恢复投产国民党统治期和日占时期迁移至石钢的11座小高炉中的3座、中型高炉2座、小型高炉3座。随着生铁产量的增加，旧的炼焦炉已无法满足焦炭需求量，因此石钢新建2号焦炉和第2洗煤机，并新建铸铁机1台投入生产。9月15日，2号焦炉（30孔）投产，这是我国第一座装有电动装煤车、电动炉门、熄焦塔、滚筛机和配有焦炉自动测量仪表的机械化电气化新式焦炉。同年，石钢根据苏联援建专家建议，按照生产区域管理制原则，全面改革组织机构；按照生产、经营、人事、行政、基建和直属6个系统，设立26个科，总机械主任室和总动力主任室 2 个室，7 个生产与辅助单位。此外，石钢进一步修订完善技术操作规程、交接班制度、安全制度和定期检修等 35 项制度。由此，石钢生铁产量得到成倍增长。在党和国家领导人的鼓舞下，石钢职工以高度的主人翁精神和饱满的劳动热情，全面完成三年国民经济恢复时期生产任务。

1953 年是我国开始实行国民经济和社会发展的第一个五年计划的第一年。由于技术问题，石钢 1 号高炉和 2 号高炉先后出现挂料（结瘤）事故，停产大修。在苏联专家的帮助下，石钢党委带领广大职工积极投入"一五"建设，广泛开展技术革新，推动机械化、自动化生产运动，夯实企业管理。1954 年，石钢有两个具有代表性的技术改进和创新事迹：一是石钢机械厂女车工陈鸿芝改进牛头刨床，提高工作效率 4.5 倍；二是侯德成技术革新研究小组成功创制"自动堵渣口"和改装"风温自动调解器"。这一年，石钢超额完成国家生产计划，并取得北京市厂际竞赛的优胜锦旗。

1955 年，石钢 1 号高炉大修，在国内率先实现把固定炉顶改为炉顶旋转布料器的高炉，从而达到布料均匀、合理利用煤气、促进炉况顺行、降低焦比的目的。此外，增加热风炉蓄热面积、推行"快速燃烧法"、安装料线层记录器、修复炉温自动记录器、实行高炉自动堵渣口等 8 项重大技术改进，使石钢 1 号高炉达到当时国内高炉先进标准。1957 年 12 月 31 日，国务院批复"关于石景山钢铁厂扩建设计任务书"。同年，石钢改建 2 座小高炉，安装炉顶旋转布料器，实现上料机械化。中华人民共和国成立后至 1957 年，石钢新建职工宿舍 8 处，共计 8185 间，为中华人民共和国成立前的 4.54 倍；建筑面积 168561 平方米，为中华人民共和国成立前的 3.67 倍；新建职工食堂 12 个，可同时容纳 6000~7000 人用餐；新建门诊部、住院处、化验室各一处，设有内科、外科、儿科、眼科、中医等 11 个科室；还有 4 个妇幼保健站、1 个产妇休养室、1 个结核防治站、1 个结核疗养院和 1 个慢性病休养所；医务人员 308 人，其中医师 29 名、医士 32 名；病床 205 张、X 光机 9 台、万能手术台 3 张、显微镜 16 台、电冰箱 7 台等现代医疗设备，成为一所中型综合性医院。此外，石钢扫除文盲 5298 人。自 1955 年起，石钢在金顶街、苹果园、山下村、古城、铸造村先后成立自办公助托儿所 5 个，收 4~7 岁儿童 501 人。

中华人民共和国成立后的近 10 年内，石景山钢铁厂在恢复生产建设的同时，亦扮演着企业办社会的角色，在当时社会、经济、工业建设等诸多领域做出巨大贡献。

## 1958—1966 年，扩建完善

1958 年，石钢开始了有史以来最大规模的扩建工程。1957 年 12 月 31 日，国务院批准石钢扩建计划；1958 年年初，冶金工业部决定投资 2.4 亿元，扩建石钢 3 号高炉、3 号焦炉、烧结车间、炼钢车间、开坯机、小型轧机和电焊管等工程，将石钢扩大为年产生铁 140 万吨、钢 60 万吨的钢铁联合企业。这是中国近现代冶金史上的壮举。1958 年 1 月，冶金部从鞍钢筑炉公司和炼钢公司调来 5000 多人支援石钢，组建石景山钢铁厂安装公司、建筑公司、机械动力厂、机械运输系统（即机运公司）等部门，着手开展石钢扩建工程，准备热火朝天大干一场。石钢扩建工程是一粒希望的种子，寄托着中国从贫困落后的无钢国家迈向有钢国家的美好期许。

1958 年，冶金部和财政部在石钢开始实施新的基本建设管理办法——投资包干。投资包干是将国家对建设单位的投资包给企业使用，在符合国家规定的规模、进度和总投资条件下，由企业自主支配；投资包干亦是有党的领导、有广泛群众基础的经济核算，既有政治、又有经济，既有控制（投资总额、产量、质量、时间的控制），又有灵活的核算。8 月 15 日，冶金工业部通知，石景山钢铁厂升格为石景山钢铁公司（以下简称"石钢"不变），其机构规模

◎知识链接

　　冶金工业通常分黑色冶金工业和有色冶金工业。黑色冶金包括铁、生铁、钢和铁合金（如锰铁、硅铁等）的工业生产，有色冶金包括其余各种金属的工业生产。钢铁是现代工业中应用最广、使用量最大的金属材料。钢铁均是含有少量合金元素和杂质的铁碳合金，按含碳量不同分为：生铁含碳量 2.0%~4.5%，钢含碳量 0.05%~2.0%，熟铁含碳量小于 0.05%。

扩大；原车间建制改为厂，各厂成立党委会，生产基建单位增加到32个。9月8日，石钢转炉车间炼出第一炉钢水，结束石钢有铁无钢的历史。随后的10月17日，石钢大型轧钢厂破土动工。同年，石钢制氧车间建成投产。随着石钢基建规模和生产工艺流程的扩建，石钢逐步完善钢铁工业生产链。

1959年是石钢技术革新、发展壮大的一年。3月25日，石钢动工兴建电焊钢管厂，并于1960年2月建成投产。同月，石钢炼铁厂试验成功白灰脱硫新技术。4月，石钢根据冶金部"先建迁安铁矿，后建滦县铁矿"的决定，矿山开发战略重心转向迁安大石河铁矿，并将"石景山钢铁公司滦县铁矿"更名为"石景山钢铁公司迁滦铁矿"。1960年9月，大石河铁矿采矿场和选矿厂建成投产，至此结束石钢有铁无矿的历史。1961年1月，石钢迁滦铁矿更名为石钢迁安铁矿，并成立石钢矿山建设工程公司。1959年5月，3号焦炉（65孔）和3号高炉（容积963立方米）先后建成投产；9月，与3号高炉配套的烧结车间建成投产。至

△ 1959年4月，石钢大石河铁矿工程破土动工；1960年9月建成投产，石钢结束有铁无矿的历史（百年首钢发展历程主题展）

△ 1959年5月22日，3号高炉建成投产（首钢提供）

此，石钢3号高炉、3号焦炉和烧结厂三大工程全面竣工投产。

石钢是首都最大的重工业工厂，其生产状况直接影响到北京市的计划和发展。三大工程完成后，石钢开始第二批扩建工程，包括炼钢厂、电焊钢管厂、小转炉炼钢车间（续建）、氧气车间和机械厂等项目。1960年6月，石钢在中心实验室的基础上扩建成立钢铁研究所，结合生产实践开展钢铁新工艺和新产品的研发工作。同月，石钢连铸管机试验成功并投产；对立式砂型铸管机进行技改，历经两年多、千余次试验，成功改为结晶器连续铸管机。该方法不仅简化了工艺流程，而且提高了劳动生产率，并于1965

年获得国家发明证书。

　　石钢人有着顽强拼搏的坚韧性格和登高望远的格局与境界，他们在技术改进与创新方面，不断求索，取得良好成绩。1961年5月，石钢从苏联引进的300毫米小型连轧机组钢材生产线技术和设备，建成并试生产；该机组16机架，年生产能力30万吨。1962年，石钢将1号3吨侧吹小转炉改建为3吨氧气顶吹转炉，并开展工艺性试验研究，它是我国第一座工业生产氧气顶吹试验

△ 1964年石钢建成中国第一座30吨氧气顶吹转炉（首钢提供）

转炉；1964年，石钢建成中国第一座30万吨氧气顶吹转炉并投产，翻开中国转炉炼钢崭新的一页，亦是中国钢铁工业史上的新篇章。1965年，石钢又从日本引进HOC-510计算机，在炼钢厂成立自动化组，进行转炉炼钢的生产管理和转炉数字模型实验。此后，石钢相继完成第一炼钢厂的建设，一路拼搏奋斗的事迹记录着石钢人的求实、奉献与创新精神！

石钢在高炉改建方面亦取得很大进步，石钢1号高炉不仅有着"青年高炉"的称号，也是开辟炼铁工业的试验田。1962年8月，石钢1号高炉结合大修，改造成矮胖型高炉。1966年4月，石钢炼铁厂1号高炉采用喷吹煤粉新技术，高炉喷煤率45%，入炉焦比每吨铁336千克，创造了当时高炉生产技术的世界纪录。同年，该技术推广应用至2号和3号高炉，石景山钢铁公司生铁

◎ **知识链接**

高炉本体包括炉基、炉壳、炉衬及其冷却设备和高炉框架（或支柱）。炉基由上、下两部分组成，上面部分用耐热混凝土制成，称为基墩；下面部分用钢筋混凝土制成，称为基座。炉壳用钢板焊接而成，起到承受负荷、强固炉体、密封炉墙等作用。炉衬用耐火砖砌成，在高温条件下工作，为延长其寿命，通常需冷却。冷却设备种类较多，如光面冷却壁、镶砖冷却壁、水平冷却板、支梁式冷却箱等。

高炉炉型即高炉内部工作空间的形状，从上到下分为五段，即炉喉、炉身、炉腰、炉腹、炉缸。

炼铁设备除高炉本体外，还包括上料系统、装料（或布料）系统、送风系统、煤气净化系统、渣铁处理系统、喷吹系统等六大系统。

◎ 知识链接

石钢自20世纪50年代开始研究矮胖型炼铁高炉炉型，于1961年在1号高炉采用这种炉型。其发展原因有两个：一是炉料与煤气动力学方面的影响；二是炉料与煤气在炉内传质传热因素影响。该炉型的特点是高炉的高径比缩小，易接受风量，有利于提高冶炼强度和产量，有利于综合喷吹。

产量达到135.5万吨，生铁合格率月平均为99.94%，平均利用系数1.91，平均焦比467千克/吨，均属历史最好生产水平。在炼铁技术取得进步的同时，烧结技术亦得到改进，如加宽台车，采用"大风量、高料温、厚料层"的先进烧结技术。

1965年7月，北京市委派"四清"（清政治、清思想、清组织、清经济）工作组先遣队进驻石钢，开始"四清"运动。从此，石钢开始中华人民共和国成立以来历史上最艰难的时期。石钢人靠着顽强坚韧的精神，坚守岗位，抵制和排除各种侵袭和干扰，确保石钢的生产工作。

## 1966年6月—1978年，砥砺前行

1966年9月10日，冶金工业部发布《关于将石钢改名为首钢的通知》，同意将石景山钢铁公司改称为首都钢铁公司，简称"首钢"，新印章由冶金工业部颁发。"文化大革命"开始后，首钢生产、管理一度陷入无政府状态，特别是1967年和1968年，首钢的生产建设出现倒退现象。1969年以后，随着各级党组织逐渐恢

复，工业企业的生产建设和科研等工作取得一定程度的发展，开始迈向一个新台阶。

1969年，首钢炼钢系统研制成功震动成型炉衬大砖，取代机制成型小砖；并将研制成功氧气顶吹的三孔喷枪取代单孔喷枪，综合技术提升，转炉炉龄从200炉左右提高到500炉以上。1976年，首钢又自行设计建造炉衬砖的轻烧油浸窑，经轻烧油浸后的炉衬砖，进一步提高了抗钢水的冲刷能力，从而提高了转炉炉龄。从20世纪60年代起，连铸技术在世界钢铁业中逐渐发展，其规模从几万吨到几十万吨不等。1969年9月28日，首钢初轧厂（850毫米轧机1架，650毫米轧机2架，设计年产量61.8万吨）建成投产，结束了首钢不能开坯的历史；这批轧机曾被誉为世界上最快的轧机，产生了大批技术能手与劳动模范。1970年9月，首钢在试验厂炼钢车间投产建成第一套立弯式连续铸锭机组；1975年2月，第2台连铸机建成投产，两台连铸机设计年产量5万吨，首钢开启从钢到坯的连铸新工艺。

随着铁、钢、材等生产链的逐步完善，首钢炼铁系统亦逐渐扩大规模。1972年，首钢建成投产容积1200立方米的4号高炉。该炉炉顶安装了均压、放散阀装置，炉前泥炮，热风炉的热风阀安装有液压传动装置，提高炼铁设备机械化和自动化水平。与之同时，为满足4号高炉对焦炭、矿石的需求，首钢还扩建了4号焦炉乙组和第二烧结车间，加宽烧结台车，增建烧结机组。

△ 1969年9月28日，首钢初轧厂建成投产（首钢提供）

"文化大革命"期间，首钢在企业管理体制方面进行了调整。1972年，国家把首钢下放给北京市，实行以市为主的部、市双重领导体制；北京市将首钢和冶金局合并组成新首钢，既是联合企业，亦是市属职能机构。合并后的新首钢职工87307人（其中冶金局41148人，首钢46159人），所属厂、矿、工程公司56个（其中冶金局29个，首钢27个）；与此同时，多数厂矿、工程公司相应做出机构调整，大体是一处（政治处）一室（办公室）七个业务科（生产计划、技术、质量检查、财务、劳动工资、行政福利、供应）。

首钢是中国人靠自己的力量创办并成长起来的北京第一家特大型钢铁企业，是民族工业的典型代表。中华人民共和国成立后，首钢经过30年的建设，从一个年产几十万吨生铁的生产企业，建设成为集采矿、烧结、焦化、炼铁、炼钢、连铸、轧钢为一体的大型钢铁联合企业。

红色
工业

第 4 章
CHAPTER FOUR

## 工业承包　改革腾飞

首钢职工队伍具备工人阶级的优良传统，中国共产党在首钢的组织具有非常高的威信和坚强的战斗力。党的十一届三中全会开创了中国社会主义建设事业新时期。为改变计划经济体制对国有企业管理过于死板的弊端，充分调动企业和职工的积极性，国家对国有企业管理体制开始进行改革。首钢顺应改革潮流，成为中国工业企业改革的一面旗帜，利用承包制先机获得快速发展，且在20世纪90年代中期以其钢铁产能成为中国钢铁企业之『首』。

党的十一届三中全会之后，首钢迎来飞速发展的新时期。1979年3月，首钢主动向北京市委、市政府和冶金部上报《关于在首钢进行扩大企业权限试点的请示报告》；5月，国家经委等六个单位确定首钢为企业管理改革试点单位，时任首钢掌门人周冠五，带领首钢开始实行承包制。1979—1980年，实行一年一包；1981年，实行包死基数，超包全留；1982年，经批准实行上缴利润递增包干，企业全体职工对国家承包，包上缴利润逐年递增7.2%，包死基数，确保上缴，超包全留，欠收自负。全员承包，

△ 1979年9月28日，首钢获国务院授予的"全国先进企业"嘉奖令（百年首钢发展历程主题展）

第4章 工业承包 改革腾飞

企业内部层层包，包保核到人，责权利到人。此办法赋予企业很大活力，使生产资料全民所有与职工个人的积极性、社会化大生产与个人分工、职工当家做主的权利与义务统一起来，全面适当地兼顾国家、企业、个人三者利益，兼顾生产与生活、消费与积累、个人劳动成果与集体劳动成果，从而调动广大职工的积极性，促进生产迅速发展，使经济效益持续大幅度提高，职工生活不断改善，企业面貌发生深刻变化。

首钢实行承包制是经济体制和政治体制改革，在经济体制改革方面主要是打破高度集中的、以指令性计划为特征的体制，改变产品统购统销、财政统收统支的办法，搞活企业，解放生产力。首钢承包制的内容包括自主经营、自我激励、自我积累、自我改造、自我发展、自我约束机制等。首钢改革试点的中心，是改革高度集权的计划体制，处理好国家、企业、职工三者利益关系，解决依靠职工当家做主、发挥主人翁积极性，来体现社会主义制度优越性。首钢党委在改革中适应首钢特点，进行企业领导体制、管理体制、经营机制改革，同时大力改进生产技术，开展生产设备体制改革。

## 首钢领导体制改革

首钢实行承包制，是为了适应广大职工为主体的全员承包需求，从特大型全民所有制企业的实际出发，改革领导体制，建立实行职工民主管理、经理行政指挥和党委政治领导的新型企业领导制度。

1981年，时任国务院副总理万里到首钢视察时给予指示：给企业扩权不是扩给企业领导人，而是要把权力交给广大职工。首钢按此精神实施改革，建立了一套民主管理制度，使职工的知情权、决策权、选举权、监督权及生活福利自己管理权等得到落实。新的领导体制概括为：职工代表大会制度、工厂委员会领导下的总经理负责制度、党委实行政治领导等。

一是职工代表大会制度。职工代表大会是企业最高权力机构，首钢大的方针、决策都由职工代表大会决定。其主要职能有两个：一是决定首钢的长远发展规划、年度计划、重大改革方案、重大投资项目、企业内部各单位和部门的承包办法和"包、保、核"方案，以及企业留利分配使用等；二是民主选举产生企业领导人和民主机构。

二是工厂委员会领导下的总经理负责制度。工厂委员会是职工代表大会常设机构，由职工代表大会选举产生，委员会的主任、副主任由全体职工选举产生。工厂委员会是职工代表大会闭会期间的最高决策机构，遵照党的方针、政策和国家法律，代表国家、企业和职工三者利益，但遇到特别重大问题，也要通过全体职工讨论，并在职工代表大会开会时予以确认。总经理由全体职工选举产生，实行全权指挥。其主要职责是实施职工代表大会和工厂委员会决策的有关生产建设、经营管理等事项，以及全权负责组织、调度、指挥和协调日常生产经营工作。

三是党委实行政治领导。1986年之前，首钢实行党委领导下的经理负责制；1986年进行领导体制改革，实行工厂委员会领导下的总经理负责制度后，党委实行政治领导。即以主要精力保证监督党的路线、方针、政策和国家法律、法令的执行；在企业重大决策中发挥核心作用；加强党的自身建设和思想政治工作；推动职工当家做主制度的完备，领导工会、共青团的工作；坚持党管干部的原则，管好厂处级以上领导干部。

首钢实行领导体制改革后，对重大问题决策分三个层次：党委对企业的经营方针、投资方向、重大问题的决定进行研究，把关定向；职工代表大会及工厂委员会负责对生产经营等方面的重大问题进行决策；总经理在执行职工代表大会和工厂委员会的决策中，对生产、经营、技术、业务、行政工作统一指挥。由此，企业的决策与执行分开，使决策与执行两个层次的工作都得到强化，使企业领导体制适应企业从单纯生产型转向生产经营型的新形势。

## 首钢管理体制改革

首钢在改革国家与企业的关系，实行递增包干承包制的基础上，还把企业对国家的承包任务和企业经营目标，按照责权利结合的原则，层层分解到人，建立企业内部承包体系。当然，没有企业对国家的承包前提，企业内部也无法做到责权利结合。内部承包制是企业对国家承包的延伸和落实，在责权利到人，发挥职工群众高度的主人翁责任感和积极性的基础之上。首钢内部承包制是依靠广大职工和各方面的专家设计和建立的，是企业全体职工的活动准则。

首钢内部承包制的基本内容是包、保、核，即"两包、一保、一核"。其中，"两包"：一是指标体系的承包，即把企业对国家承包的经济责任和企业经营目标，层层分解，承包到每个单位、每个部门，直到个人，另外分解落实到人的承包指标，要有数量、时间和工作的具体要求；二是技术、业务工作的承包，即把保证承包指标完成的各技术业务系统在基层单位必须进行的工作，包括工艺、操作、安全、设备的开停机、维护与运行记录等制度，都按岗位制订明确的要求和考核标准，并按照职责分工承包到有关岗位。"一保"，即把企业内部单位、部门直到每个人之间的协作关系（包括为确保企业总体效益的提高，上下工序之间、前后左右之间相互协作、主动配合所必须做到的）制订出明确的指标、要求，也作为承包任务落实到每个岗位。"一核"，即对"两包、一保"的各项任务，根据考核标准进行严格考核，并同分配（包括工资挂率、浮动升级、奖金）挂钩，做到赏罚严明。

企业采用全员承包的企业内部承包办法进行管理，使整个企业围绕企业总目标前进，有助于成为一个真正协调的共同劳动的整体，更好地提高人员和设备效率。首钢建立岗位分工承包制的基本要求可概括为：全、高、时、协、核。"全"是指企业各项指标和各项技术业务工作都要一项不漏地分解承包到人；"高"是指分工承包的每一项工作都要制订高质量、高水平的标准；"时"是指承包的每项工作都要有明确的时限要求；"协"是指协作关系纳入岗位分工承包制；"核"是指每一项"两包、一保"指标和分工责任都要规定明确的考核标准，并按规定实行逐级考核，作为个人按劳分配的依据。

落实内部承包制的关键是使责权利一致，使报酬与贡献挂钩，实现按劳分配。首钢通过实行承包制和工资总额与实现利润挂钩的办法，改革工资制度。为体现不同岗位的劳动差别，首钢工作者一律实行岗位工资制，并纳入统一工资序列；无论管理岗位、技术岗位还是生产岗位，均按在企业生产经营中的重要性和技术业务复杂程度、贡献大小、环境优劣，确定各类岗位的工资等级，并据此修订各岗位的技术业务等级标准；工作者的岗位工资，随着工作岗位的变动而变动，该升则升，该降则降，做到工资与岗位一致。

首钢通过实行承包制和工资总额与实现利润挂钩的办法，形成国家、企业、职工三者利益一致的机制。劳动者从关心个人物质利益，进而关心企业的效益和对国家的贡献。没有严格管理就没有高效益，因此，从严治厂成为劳动者的自觉要求。由此，将严格管理与职工主人翁地位统一起来，并与三者利益统一起来。承包制能使职工成为主人，关键在于它把主人的责任与权力统一起来，由此激发广大职工当家做主的高度主人翁精神。这种主人翁精神具有时代特征，不仅能够吃苦耐劳、苦干实干，而且表现在开拓进取、掌握和运用先进技术、创造先进生产力方面。同时，还表现在人人关心集体，为企业总体效益操心出力，形成巨大的凝聚力。

## 首钢经营机制改革与生产技术设备改进同行

1978—1990年，首钢历经改革与发展，实现利税由3.77亿元增长为26.26亿元，年均递增17.5%，比同类型的七大钢厂（鞍钢、武钢、本钢、马钢、太钢、包钢、攀钢）平均高10%，充分展现出公有制大企业改革的生机与活力。首钢能"活起来"的外因是国家赋予首钢转型经营机制、增强内在活力的好政策；内因是首钢运用这些政策，积极改革企业生产力发展中的弊端，通过实行承包制，充分发挥企业职工主人翁积极性，全面完善企业内部各项工作。

低效率一贯被认为是公有制企业的顽疾。首钢承包制改革经验表明，理顺国家与企业关系，把公有制财产责任真正落实到企业每位职工身上，企业既有追求自身利益的动力，又有对共有财产负责的压力，由此尽快提高经济效益成为企业和职工的内在要求和自觉行动。首钢实行承包制，为完成各项指标，满足承包各方的利益要求，实现企业自我发展，主动提出每年实现利润递增20%的发展目标。其主要内容包括两个方面：一是在保证对国家上缴利润每年递增7.2%之外，还要实现全民资产不断增值，这是国家给予企业应有的压力；二是由于超包全留，企业留利按6∶2∶2分别用于生产发展、职工福利和工资奖金，职工工资与实现利润按0.8∶1计算，从而激励企业多创多留，通过扩大留利不断增加职工的工资福利，形成企业内在动力。这两方面包含着国家、企业和职工三者利益相互制约、相互促进的数量关系。

企业若想实现20%的利润递增目标，必然需要全面转变经营机制，且必须从单纯执行国家指令性计划转向兼顾计划与市场的要求，从实物、产值指标为主的管理转向价值、效益指标为主的管理，从封闭式经营转向开放式经营。首钢作为老企业，积极响应国家政策，为实现每年利润递增20%的目标，开始走内涵挖潜的道路，用先进的技术经济指标保证实现先进的效益目标。在当时国内钢铁行业的55项可比技术经济指标中，首钢有30多项指标名列第一。首钢在提高效率的同时，大力降低消耗和成本，炼铁、炼钢和轧材成本在八大钢厂中是最低的，

1990年炼铁成本比其他七大钢厂平均水平低31.6%。同时，首钢改变以往产品几十年一贯制的做法，利用自销权较大的优势，面向市场积极进行产品结构调整，不断开发新产品，提高应变能力，使其成为经济效益增长的重要来源。

此外，首钢不断追求技术进步和技术创新，从技术上保证实现利润递增20%的目标。其中，技术进步的主要特点有3个。一是紧紧围绕利润递增20%的目标，把"先进、适用、经济"三者有机结合，使技术进步和技术创新服从效益增长的需要，防止片面追求一流技术导致二流效益。二是突出重点，抓住影响生产和效益全局的关键环节，采用和推广先进技术。如在选矿中采用磁滑轮新技术；在高炉冶炼中采用无钟炉顶、顶燃式热风炉、矩阵可编程计算机、电动炉前设备等37项国内外先进技术改造新2号高炉，此为当时中国第一座无钟炉顶高炉；在第二炼钢厂采用全连铸工艺；等等。三是不间断推进技术进步，这既是技术发展规律，亦是实现20%的利润递增目标的要求。比如，首钢相继对4号和5号高炉进行技术改造，上料主控引进并应用更为先进的PC584计算机系统；20世纪90年代，在第二轮大规模技术改造中，圆形出铁场、环形天车、炉体软水密闭循环冷却、炉前液压设备等众多先进技术普及到每座高炉；进入21世纪，首钢炼铁加快前进步伐，大力推进技术进步和工艺升级，2000年采用总管路加分配器、高浓度喷吹先进技术的中速磨建成投产；2002

年2号高炉技术改造竣工，集成俄罗斯霍格文内燃式热风炉、芬兰罗德洛基专家系统、铜冷却壁等一批先进技术，成为当时中国最先进的高炉。

首钢实行承包制的经历表明，改革就是要改掉旧体制妨碍职工发挥积极性的弊端，就是要使企业活起来，实现职工当家做主，发挥社会主义公有制的优越性，解放和发展生产力。首钢改革的核心是国家对企业是"统"还是"放"，国家与企业的经济关系是"包"还是"分"，实质是建设社会主义依靠人民群众的问题。首钢的承包制就是对如何更好地依靠人民群众建设社会主义进行的探索。

△ 首钢承包制理论与实践研讨会（首钢提供）

尽管人们对首钢改革褒贬不一，但有一点是有目共睹的，即首钢改革后确实"活起来"了。1979年，首钢开始大刀阔斧的改革，之后的30年是首钢腾飞时期。其间，首钢对设备进行大规模技术改造，引进比利时塞兰钢厂二手设备，并对其进行全新改造，建成第二炼钢厂；同时，建立第三炼钢厂；这时首钢拥有5座高炉、3个钢厂、3个线材厂，形成800万吨生产规模，是首钢生产发展非常好的时期。另外，首钢从1979年开始实行承包制，为企业注入活力，促进企业的快速发展。20世纪80—90年代，首钢发展快、管理好、效益高、留利多，后劲足。这一时期首钢发展迅速，是其腾飞的阶段。

红色工业

第 5 章
CHAPTER FIVE

**技术创新　钢铁摇篮**

钢铁，兵之利器，国之脊梁。钢铁强国是中国共产党领导人从战火纷飞、硝烟弥漫中一路走来的理想。首钢作为首都工业的『长子』，一度支撑起北京工业经济发展。中华人民共和国成立以来，首钢奋发图强，先后建立一批现代化高炉、转炉、连铸机等先进装备，尤其在喷吹煤粉、顶燃式热风炉等技术方面取得创新成果，在炼钢、板材等方面进行工艺改造、技术升级，创造了诸多辉煌成就，触摸着钢铁工业发展方向的脉搏，引领当时的钢铁工业技术发展。

## 炼铁：高炉雄风

炼铁厂是首钢集团建厂历史最悠久的工厂，对首钢生命溯源的话，起点是高炉。1919 年建厂时，引进美国贝林马肖公司设计的钢壳斜桥双罐上料装置的小高炉；自 1938 年起，日本制铁株式会开始经营石景山制铁所（首钢前身），先后修建炼焦炉、洗煤设施、11 座日产 20 吨生铁的小高炉、热风炉等设备。中华人民共和国成立后，首钢获得新生，先后建立 5 座矮胖型现代化高炉，总容积为 9934 立方米。

炼铁是指从铁矿中分离出铁的过程，该过程不仅是钢铁生产的第一步，而且是投资、能耗最大的工序。炼铁有 3 种基本生产方式：高炉法、直接还原法和熔融还原法。常用的炼铁矿物有磁铁矿、赤铁矿、褐铁矿等，它们均为铁的氧化物。因铁矿中除含有铁和氧外，还有二氧化硅、氧化铝等组成脉石及硫、磷等有害杂质，所以铁矿石在炼铁炉中冶炼要完成三个基本作用：一是还原作用，排除氧化铁中的氧；二是造渣作用，把铁与脉石分开并去除有害杂质；三是渗碳作用，铁吸收碳素。炼铁高炉外壳由钢板焊成，里面砌有耐火砖；炉内型是竖直的圆筒；由炉喉、炉

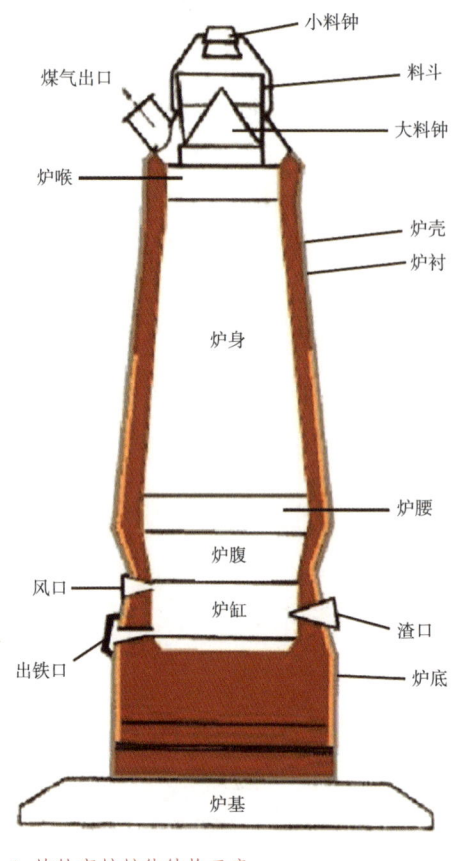

△ 炼铁高炉炉体结构示意

身、炉腰、炉腹和炉缸五部分组成；高炉最上部是用于加炉料的炉喉，中部较粗称炉腰，炉腰上部为炉身，下部为炉腹，最下部是盛铁水和炉渣的炉缸。矿石、焦炭、石灰石从炉喉加入，炼出的铁水沉到炉缸下部，由出铁口定时排出；炉渣浮在铁水上面，由渣口排出；在渣口上面有一圈风口，通常称为风口带，从这里把热风送进高炉，同焦炭燃烧；高炉内的一切运动均从这一作用开始。

　　通向世界高峰的道路是极不平坦的。高炉冶炼主要靠焦炭，而节省焦炭是降低成本的关键，煤粉比焦炭便宜很多，多喷煤就节省焦炭，就能降低成本。喷煤是比较现代化的工艺，被誉为"首钢科技一枝花"。回顾首钢高炉喷煤历史，有辉煌亦有失落。1964年，首钢率先在全国试验成功高炉喷吹煤粉装置，是当时继美国、苏联两个国家的钢铁公司之后，世界第三家拥有这项技术的企业；1966年，首钢喷煤粉技术跃居国际领先水平，并为中国冶金工业和工业战线夺得第一技术指标世界冠军；1985年，首钢平均喷煤比遥遥领先国内同行业。此后，由于受到错误决策影响，首钢高炉喷煤比从高峰跌入低谷，落后于国内其他钢铁行业。随着能源价格变化和冶金产品价格同国际市场接轨，降低能耗成为冶金企业提高市场竞争力生死攸关的问题。因此，首钢炼铁厂决心提高喷煤比，降低焦比，节能降耗，再现昔日风采。

1970年，首钢钢铁研究所开始研究顶燃式热风炉技术，并在018试验高炉进行试验，1972年投产。顶燃式热风炉与内燃式热风炉、外燃式热风炉相比，热效率提高5%以上，具有占地面积小、结构简单、施工容易、建设投资省、寿命长等优点，是一项具有国际水平的新技术。自1978年3月16日动工，至1979年12月15日，首钢2号高炉移地大修改造工程竣工投产，其有效容积为1327立方米，采用高炉喷吹煤粉、顶燃式热风炉、无料钟炉顶等国内外37项新技术，并首次运用可编程序控制上料系统，成为我国第一座现代化高炉。1983年，2号高炉又进行自动化改造，采用20世纪80年代先进的PC-584可编程控制器和网络-90工业微处理器组成控制系统，取代原有矩阵柜和可编机，实现对高炉的上料、热风、喷煤和高炉本体四大工艺环节综合控

△ 1979年12月，首钢2号高炉移地大修，建成我国第一座现代化高炉（首钢提供）

制，并在主控室配备无键盘感应式控制器和工业电视。通过这次改造，2号高炉实现全面自动控制，使首钢高炉自动化生产水平到达世界先进行列。

1980年10月，中国冶金进出口公司和首钢与卢森堡阿贝德集团就顶燃式热风炉技术出口卢森堡，举行技术合作协议书签字仪式，这是我国冶金史上与外国签订的第一个技术输出协议；又于1981年5月，与英国戴维麦基公司就高炉喷吹煤粉技术达成转让协议，这是首钢又一项进入国际钢铁界的高炉专有技术。

依靠科技进步，开展技术攻关和设备改造，是炼铁厂提高喷煤比的一项重要措施。为赶超世界先进水平，1992年，首钢炼铁厂先后完成50多项技术改造、科研攻关项目，并在5号高炉上马一套具有国际先进水平的盘式喷煤器。这套设备不仅结构简单、造价低，而且具有喷吹均匀、喷煤量大的优点。此外，为探索提高喷吹煤比、降低焦比的新方法，首钢炼铁厂把"重负荷、大喷吹"列为一项重点攻关课题；并结合首钢矮胖型高炉的特点，通过调整上部装料和下部鼓风等措施，使高炉基本措施趋于合理。精益求精的操作是保证喷煤比不断提高的根本。首钢炼铁厂围绕提高喷煤比，开展多种形式的技术培训，并在全厂组织技术骨干总结最佳操作法，使职工操作水平不断提高。

## 炼钢：铁水沸腾钢浪翻

1956年5月，北京暖气材料厂铸钢车间竣工，装有1.5吨电炉1座，6月又装有1.5吨侧吹转炉2座。6月15日炼出第一炉钢，结束北京市有铁无钢的历史。转炉炼钢分侧吹和顶吹两种，尤其是顶吹技术在当时国内根本没有成形的技术标准。石钢的氧气顶吹转炉完全依靠科技人员自己的理解和判断，从图纸设计到加工试验均需要摸索。在没有购置任何国外技术、装备，以及没有聘请任何外国专家的条件下，科技人员冒着试验失败的风险，石钢依然坚持推进转炉实验。1958年9月18日，石钢用14天建起侧吹小转炉，结束有铁无钢的历史。

△ 1958年9月18日，石钢建成小转炉，结束有铁无钢历史（首钢提供）

　　石钢14天建成小转炉炼钢车间，堪称夺钢轶事。1958年8月22日，中央书记处会召开电话会议之后，北京市委当天布置任务，指示石钢本年内生产两万吨钢。事实上，此时的石钢只能出铁，不能出钢。要出钢，必须兴建炼钢炉。而8月底距离年底仅有4个月，想要完成任务何其艰巨？石钢党委当即召开紧急会议，决定半个月内建成一座年产10万吨钢的转炉车间；其中，党委副书记谷爱民担任政治委员，副经理安朝俊、李杰、白良玉担任总指挥，率领建设大军选址、建炉。

　　工人按照厂方选定厂址，切割玉米、平整土地、拉运电料和水泥等材料，铲车轰鸣、人喊马嘶，一派繁忙景象；半天工夫，水、电、路（含铁路）实现三通。设计院的科技人员通宵达旦赶制设计图纸，材料科职工做房架角钢、炉体板材等备料，电气焊工、安装铆工、钳工皆不分昼夜施工，福利科职工也搬到现场供饭，更有医务人员住在工地为职工医伤治病。如此的建筑与安装，工序交叉作业，缩短工期，仅用14天便完成了年产10万吨钢的转炉炼钢车间的建设。1958年9月7日，唐山钢厂调来支援石钢的炼钢能手蔡连成，他是河北省劳模，具有8年炼钢工龄。在蔡连成的指挥下，化铁炉的铁水注入铁水包，天车将其吊起倾倒入炼钢炉内，氧枪插入吹炼，转炉内的铁水沸腾钢浪翻，炉口喷出橘红色火焰，上百位建设者屏息等待炼成的第一炉钢。从此，石钢结束自建厂以来几十年无钢的历史，也记录了石钢人（首钢人）拼搏、奉献、求实、创新精神！

1964年，石钢建成中国第一座30吨氧气顶吹转炉，翻开我国炼钢生产新篇章。在这之前，直到20世纪50年代，世

◎知识链接

　　炼钢方法包括平炉炼钢、电炉炼钢、转炉炼钢。平炉由于需要外加热源，热效率低，一炉钢一般要炼24小时，生产能力也非常低，现已被淘汰。电炉炼钢是以电能为热源，靠电极和炉料间产生电弧，使电能转变为热能，并通过辐射和电弧的直接作用加热、熔化金属和其他炉料，加入铁矿石（氧化铁皮）、石灰、萤石和吹氧去除金属中的杂质，然后用铁合金、铝等使钢水脱氧和合金化的炼钢方法。转炉炼钢是以铁水及少量废钢等为原料，以石灰（活性石灰）和萤石等为熔剂，在转炉内用氧气进行吹炼的炼钢方法；根据冶炼期间向炉内喷吹氧气、惰性气体部位的不同，转炉又可分为顶吹转炉、底吹转炉和顶底复合吹转炉。

界上炼钢均采用平炉，平炉就像一口平底锅一样，要用煤气或重油作燃料，保持高温，把碳去掉才能成钢。奥地利是最早开发氧气顶吹转炉的国家，其中有两个厂，一个是林茨，另一个是道纳维茨。该技术不需要煤气或重油作燃料，直接将氧气喷入装有铁水的转炉上空，和铁水中的碳进行燃烧反应，既产生高温又脱去碳，同时为进一步精炼成品种钢创造高温条件。因此，该方法比平炉炼钢法生产率高、成本低，建设和生产所需资金和成本要比平炉节省三分之一到二分之一。1953年前后，奥地利人来中国推销氧气顶吹转炉技术，遭到冶金部的拒绝。由此，奥地利人便到日本推销，后来日本采用该技术，这亦是日本在短时间内成为钢铁大国的一个技术因素。安朝俊从冶金部回到石钢后，和公司其他领导及工程技术人员讲，将来氧气顶吹转炉一定会代替平炉，石钢上钢一定要上氧气顶吹转炉。由于当时不能引进国外这项技术和设备，所以全由安朝俊牵头组织石钢工程技术人员和兄弟部门协作进行自主开发，具有完全的自主知识产权。由于三年困难延误工期，直到1964年，氧气顶吹转炉才顺利投产。中国第一座氧气顶吹转炉就这样在石钢诞生。安朝俊对技术发展的远见和坚持科学的精神是取得这场技术创新胜利的关键，该技术在世界炼钢史上亦是一场革新。首钢氧气顶吹转炉炼钢厂的3座30吨转炉的最高年产量曾超过200万吨，被外国专家称赞为"世界上最快的转炉"。

首钢完成第一炼钢车间的建设后，开始建设第二炼钢厂。首钢第二炼钢厂是企业采用自有资金，引进外国二手设备，经过技术改进，于1987年8月建成投产的新型现代化转炉炼钢厂。

1971年6月，首钢机械厂与重庆大学、北京钢铁学院（现北京科技大学）合作，研制成功新型蜗轮副——平面二次包络蜗轮副，达到国际先进水平。该项技术从1962年开始研制，1971年6月获得重大进展，达到国际先进水平。1976年制造出大中心距平面二次包络蜗轮副，为发展我国重载蜗杆-蜗轮传动闯出一条新路。1977年3月被北京市、冶金工业部联合命名为首钢71型蜗杆-蜗轮传动机械；1985年荣获国家二等技术发明奖和国家科技进步奖荣誉证书。

## "2160"工程：代代相传的首钢魂

世界钢铁工业大都走过科技升级发展道路：由铁到钢、由钢到材、由材到板。1958年，首钢建成第一座小高炉，结束了有铁无钢的历史；1961年，首钢建成第一套小型热轧机，结束了有钢无材的历史。板材生产技术水平标志着一个国家钢铁生产技术能力；而轧机在钢厂的重要性不亚于人的心脏，轧机轴身长度是高科技板材技术的主要标志。中国的钢铁行业，有四家钢铁企业较早启动高科技板材生产线。第一家鞍钢，于"一五"期间，在苏联专家帮助下，建成2800/1700毫米的热轧机；第二家攀钢，于20世纪60年代，建成1450毫米的热轧机；第三家武钢，于20世纪70年代，引进日本1700毫米热轧机；第四家宝钢，于20世纪80年代，建成中国第一条2050毫米热轧机生产线。国内各大钢厂竟相采用热轧机和不断提升技术等级的趋势，迫使首钢从高起点积极谋划建设新的热轧机生产线。鉴于国内已有1450毫米、1700毫米和2050毫米热轧机生产线，首钢决定建设中国第一流的热轧机生产线，即2160毫米热轧机，简称"2160"。"2160"工程是全体首钢人跨世纪的梦想。1991年，这项被称为"首钢技术革命"的高科技项目正式启动。

美国麦斯塔股份有限公司（MESTA）是世界上设计和制造宽带钢热轧机的鼻祖。德国西马克公司和日本三菱公司购买该公司的核心技术并逐渐发展起来，成为世界钢铁行业的佼佼者。首钢为拿下"2160"这项具有历史意义的开拓工程，1991年7月，由轧钢工艺、机械设备和液压润滑等专业技术人员组成的16人联合设计代表团，从北京出发，赴美国麦斯塔公司开展联合设计，为2160毫米热轧机的设计生产做准备。

要干就干一流的！首钢决定购买在世界钢铁行业和板材生产技术设计中赫赫有名的美国麦斯塔股份有限公司的核心技术，建成世界一流的2160毫米热轧机，它可以生产出厚度从1.5~19毫米、宽度从750~2130毫米、总重达38吨的钢卷，可用于汽车、船舶、锅炉、家电、各种压力容器的制造业。如果"2160"项目建设成功，将标志着首钢在板材生产方面站到全国领先位置，首钢姓"首"更加堂堂正正、名副其实！

首钢为"2160"工程倾注了太多人的心血，到1995年，历经艰苦，完成设计，开始进行设备制造工作，2160毫米热轧机的18个牌坊均由首钢自己浇铸，每片牌坊230多吨，由首钢第二炼钢厂用两炉210吨转炉钢水浇铸而成，在全国堪称首创。且当时已完成引进设备17项，是引进设备总造价的61.3%，完成设备毛坯1万吨，总投入约10亿元人民币。但由于"2160"工程投资太大等因素，首钢准备建设的2160毫米热轧机，经国家有关部门论证几年无果而终。1996—1997年，设备制造基本停止。1997年9月，首钢又组织考察团到美国、日本、奥地利、加拿大、德国等国的世界钢铁企业调研，总的结论是"2160"工程是首钢产品结构调整和转型的希望所在。但是环保专家多次上书国务院和北京市政府，坚决反对在石景山古城一带再上新的钢铁项目。因此，1997年10月，当考察团回到北京时，"2160"工程已决定停止。

1999年7月，首钢提出再次启动"2160"工程，但很遗憾，因国家实行宏观调控，首钢"2160"工程最终未获得国家批准。进入21世纪，首钢"2160"工程再次迎来曙光。尤其随着首钢搬迁调整进程，"2160"工程具有更加重大的意义——从原来的转移400万吨生产能力，到成为首钢搬迁调整的练兵场和试验场。"2160"要为首钢结构调整，建设21世纪的新首钢秣马厉兵；首钢股份公司迁安钢铁公司（简称"迁钢"）成为首钢"2160"高科技板材生产的诞生地。

"2160"工程是迁钢二期工程的核心项目，是首钢钢铁产品结构调整、升级换代的标志性工程。2005年3月31日，"2160"

△ 首钢"2160"工程项目竣工投产（首钢提供）

工程破土动工，且首钢总公司专门组建了"2160"工程项目经理部。"2160"是首钢人习惯性称呼，实际为2250毫米，是当时中国板材产品幅度最宽的热连轧机，设计年产能力400万吨热轧板卷，其轧制厚度和钢板强度均为当时国内之最。该工程集中了国内外先进的工艺技术装备，共采用20项世界先进技术，是当时国际技术水平和自主集成创新水平最高、最节能环保的热轧机生产线。首钢"2160"工程从开工到投产，用时仅26个月，创造了建设速度第一的纪录；而且与国内同类型工程相比，迁钢"2160"工程从投资、质量、工期、吨钢占地面积、装备水平等多方面，均采用了新技术。

"2160"工程的竣工投产，既圆了几代首钢人的梦，又增强了迁钢对未来发展的信心和勇气，还锻炼和培养了一批高素质人才，为首钢发展板材积蓄力量。首钢"2160"工程设计起点很高，在整体设备的选型、先进技术的采用等方面均站在行业前沿，具有以下几个特点：一是整个工程的大型地下箱型基础均由首钢设计院自主设计。这是国内第一家自主完成的超大型土建箱型基础设计，开创国内新纪录。二是"2160"工程在配水设计方面很有远见。用水量储备的设计，眼光长远，为以后"2160"开发、生产高端新产品奠定基础。三是热轧线应用国内外先进技术，且在技术选择上非常注重实际。对宽带钢热连轧机必须应用的技术坚决采用；对宽带钢热连轧机基本用不上的设备及技术尽可能减少，甚至舍弃，这样不仅降低建设成本，避免浪费，而且还能缩短建设工期。

　　首钢"2160"工程，创下国内多项第一。自制热连轧机的大牌坊是一个"第一"。事实证明，首钢自主设计、制作的150吨大牌坊非常成功，并且是国内首家自己设计、制作的大牌坊。首钢设计院自主完成整个"2160"工程的模板图，亦是一个"第一"。过去，进口大型宽带热连轧机，工程模板图也是无一例外地全部进口，由外国公司设计；首钢开创性完成模板图设计，开创宽带钢热连轧机模板图设计的先河；特别是在没有任何经验的情况下，首钢第一次建设"2160"工程，从设计到施工均非常成功，创造了奇迹。首钢设计院自主完成"2160"大型加热炉的设计与施工亦是一个"第一"，创造国内钢铁企业自主设计、自主施工的又一奇迹。首钢迁钢"2160"所采用的蓄能式加热炉具有当今先进技术水平，具备节能、便于操作与控制等优点，是一座

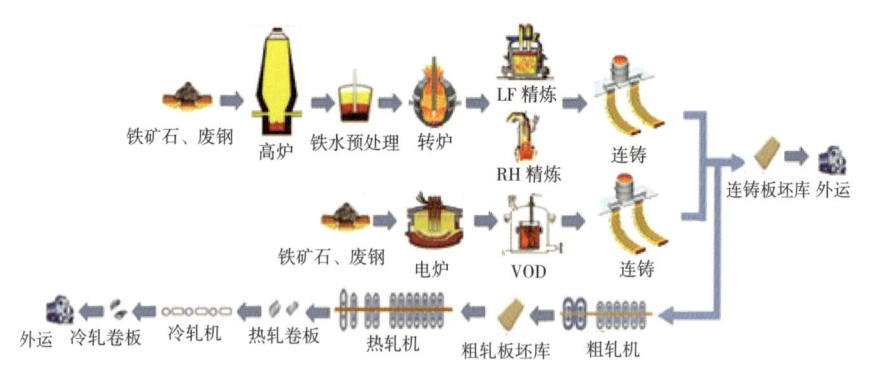

△ 钢铁制造生产工艺流程图（杨建平提供）

具有高科技含量的加热炉。

"2160"工程是首钢由传统线材、棒材向高科技板材转变的制高点,是首钢争创先进的希望所在。它承载着首钢几代人的梦想,更承载着首钢人的希望,其对首钢而言,是历史性转型,新长征的起点,更是创新创优创业的典范。

红色工业

第 6 章
CHAPTER SIX

举世创举　首钢传奇

自1914年，首钢前身龙烟地区被发现铁矿石之日起，便与外国学者有了联系，而后在建厂初期，引进美国、日本等国当时较为先进的炼铁设备和装置。首钢的大视野和大格局与生俱来，且在其整个生产发展过程中从未间断。中华人民共和国成立初期，首钢接受苏联专家的建议和帮助，无论是在高炉修复，还是在工厂机构管理上，均有成效。而后30年的成长过程中，首钢与国外钢铁技术先进的企业交流和技术引进更多。尤其是1978年改革开放之后，首钢顺应改革潮流，迎来飞跃发展的新时期。

## 首钢购买比利时塞兰钢厂

1979—1984 年，西方历经第二次世界大战后一次较大的经济衰退，钢铁工业陷入严重不景气状态，美国和西欧共同体受到严重打击。面对此形势，西方一些经济学家和未来学家把钢铁工业和纺织业等传统工业称为"夕阳工业"。尽管从历史长河和时代跨度的角度来观察钢铁工业及其他传统工业，西方部分经济学家和未来学家的说法不无道理。但是，从当时钢铁工业在国计民生和工业化社会中的地位，以及经济和社会的长远发展战略来看，发展中国家的钢储蓄量少，钢消费量远未饱和，尚需大量钢材，因而仍须建立和发展本国钢铁工业。

20 世纪 50 年代起，首钢开始建设涉钢系统，并于 20 世纪 60 年代中期，随着石钢建成我国第一座氧气顶吹转炉并投产，完成第一炼钢厂的全面建设。20 世纪 80 年代初期，首钢的炼铁能力远超炼钢能力，当时首钢生铁年产量 400 万吨，炼钢能力仅有 200 万吨，钢材更少，只有 100 多万吨。因为缺乏国际水平的炼钢和轧钢设备，所以严重制约钢铁生产的可持续发展。首钢迫切需要建设一座现代化的新型炼钢厂，由此促进了首钢第二炼钢厂的建设。

首钢第二炼钢厂是采用自有资金，引进外国二手设备，经过技术改进，于1987年8月建成投产的新型现代化转炉炼钢厂。事实上，首钢在引进国外二手设备之前，曾计划找国内能制造炼钢设备的重型机器厂定制设备，但预估2.1万吨的炼钢设备需3亿元，且从设计、制造到交货，时长3~4年。如果从国外引进全套新设备，则需10亿元，时间至少4~5年。综合考虑，首钢党委认为西方钢铁工业处于萧条状态，有大量钢铁设备闲置，因此，决定购置海外钢厂二手设备。

1984年，徐匡迪先生在瑞典依派斯柯公司（以钢铁业为主的中型国际公司）工作，他给同学王国忱（时任首钢技术处处长）提供信息，即比利时科克里尔钢铁公司的下属单位瓦尔费尔厂的高速线材轧机作为二手设备准备出售，机器还在生产，正常轧速85米/秒，年产115万吨。该线材厂于1980年建成投产，主要设备有摩根式轧机、加热炉、卸卷机、钢结构厂房和水处理设施等，在当时属国际先进水平。高伯聪（时任首钢总工程师）与周冠五（时任首钢董事长）获悉后，当即商议派人考察，且在证实后立即决定购买瓦尔费尔线材厂的高线轧机。当时决定购买该套设备有两个原则，一是价格低，首钢能付得起；二是必须包括软硬件全套设施，既有设备备件，亦必须包含图纸、技术操作、资料等全部软件。首钢以高伯聪为首的谈判成员，多次与对方谈判，最终双方意愿达成一致，即离岸价1700万美元，包括拆装并运到码头。不过，暂未签订合同。之后，首钢领导周冠五和高伯聪一起到欧洲考察，在这期间他们受到比利时科克里尔钢铁公司的热情接待，并详细考察了对方即将出售的塞兰钢厂。

比利时塞兰钢厂于1965年建成投产，主要设备有2台210吨转炉*；2座2000吨混铁炉；11台大型桥式吊车，其中有我国当时不能制造的330吨和350吨吊车；360台电动机，其他大小设备近100套；厂房全为钢结构，主体部分高53米；1982年进行大规模改造更新，年产钢350万吨，具有20世纪70年代末的炼钢技术水平，并拥有3项技术专利。首钢考察团发现该钢厂亦有很多不足之处，例如自动化水平不高，尚未实现连铸，除尘系统亦需改进等，但综合考虑还是值得购买的。随即周冠五与科克里尔钢铁公司董事长签订购买塞兰钢厂意向书。考察团回国后，首钢领导多次商讨，认为绝不能仅是照搬塞兰钢厂回来，必须进行自动化改造，并做到连铸化。

由于起初买卖双方互相了解不充分，所以谈判进程不是一帆风顺，后经国内钢铁同行和两国政府等多方努力，双方恢复谈判。

\* 比利时塞兰钢厂的210吨转炉结构连接形式不同于其他钢厂，其他钢厂转炉采用焊接连接，拆迁及安装需要切割、焊接，既麻烦又易变形；而塞兰钢厂的转炉采用螺栓连接，拆卸与安装相对方便、容易。此外，塞兰钢厂与首钢一样采用顶吹技术，其工艺流程与首钢当时的30吨转炉的工艺技术相似。因此，设备使用技术难度不大，这亦是购买塞兰钢厂的考虑之一。

首钢以高伯聪为代表的三人团，前往比利时进行谈判工作。虽然谈判过程亦是一波三折，但是在中国驻比利时大使馆积极、全力、及时的支持下，加上比利时政府及比利时驻中国大使馆工作人员的友好帮助，各方抱着合作共赢的积极态度，历经多次艰苦谈判，首钢最终以1100万美元就地原样购买比利时塞兰钢厂，加上其他3项，总计1230万美元。在谈判过程中，高伯聪充分展现了他的睿智和外交谈判才华，最终成功以低价买下钢厂。合同里塞兰钢厂的厂房和设备共重4.9万吨，当时国际市场普通钢材价格为每吨300美元，按普通钢材价计算，4.9万吨合计1470万美元，但首钢仅用了1230万美元。实际上，最后拆运到首钢的全部设施总重6.2万吨，还包括全套图纸和全部软件。

1985年1月31日，首钢总工程师高伯聪代表首钢同比利时考克利尔公司代表在比利时首都布鲁塞尔正式签署合同，分别以1230万美元和1700万美元购买塞兰钢厂和瓦特费尔厂摩根45度无扭高速双线轧机，这是中国改革开放以来国有企业在海外实施的第一例冶金工厂收购案。加上拆迁费、运输费、国内配套厂房设施/设备和建筑安装费，以及设备的改、修、配等费用，总费用相当于从国外引进全套新设备建设同等规模钢铁厂投资额的三分之一。此外，建成投产周期比国内自己制造或国外引进全套新设备，缩短2~3年。

按合同规定，首钢派遣300人的施工队前往海外，拆解比利时塞兰钢厂，化整为零后装船运回中国。比利时塞兰钢厂占地面积27.2万平方米，钢结构厂房和全部机电设备总重约6.2万吨，由2.8亿个大小零件组成。按技术要求，拆迁工程必须保证设备完好无损，否则少一枚螺丝钉都无法重新组装。将这样庞大的一座钢厂拆解，从比利时漂洋过海运回中国，这不仅是中国历史上，亦是世界上前所未有的创举。此项拆迁工程引起全世界人民的瞩目，如何万无一失地完成拆迁、运输和重装等各项任务，均在考验着首钢人乃至中国人民的智慧与胆识。

## 拆卸塞兰钢厂

塞兰钢厂拆迁团由三部分组成：一是以吴明水为首的指挥部，包括党团工作人员、技术人员、外事联络员和翻译人员；二是由四个作业队组成的工程队，包括两个拆卸结构作业队、一个拆卸机械作业队、一个电装作业队；三是后勤部门。先遣组于1985年6月先行抵达比利时，安排拆迁团吃、住等问题，随后工程队等人员陆续抵达比利时列日市。1985年9月2日，首钢共计381人的拆迁队伍基本到齐。9月9日，塞兰钢厂拆迁工程拉开大幕。根据当时比利时有关人员的经验，拆迁这样一座钢厂需一年半左右的时间。首钢工程技术人员克服重重困难，最终于1986年4月29日，完成塞兰钢厂厂房和设备的全部拆解工作，仅用7个月零22

天,展现出首钢"速度"。

在塞兰钢厂拆解过程中,曾遇到各种各样的难题,依据首钢赴塞兰钢厂拆迁队队长杜文田口述资料,此处略记一二。

一是采用"吊环拆吊法"拆卸天车大梁。按拆迁计划,1985年12月21日,采用"吊环拆吊法"拆除一根不能解体、重达270吨、由碗口大的铆钉铆接的天车大梁,其中需要两名比利时的300吨大型吊车司机协助一起完成任务。但两位吊车司机以及在场的由比利时安全局派遣的国家一级安全员方克,都坚决反对"吊环拆吊法",建议使用传统的"拦腰拴绳法"拆吊。面对拆迁工作时间紧迫、经费预算等难题,首钢拆迁团总指挥吴明水向比利时安全员讲明"拦腰拴绳拆吊法"与"环吊拆吊法"二者的利弊,以及国内高炉移地大修中采用"吊环拆吊法"的成功案例,并承担在安全保证书上签字的责任\*,最终说服比利时安全员和吊车司机,采用"吊环拆吊法"拆除天车大梁。当拆迁工作人员和吊车司机在吴明水的指挥下安全顺利地完成天车大梁拆除的那一刻,工地上的人都激动地欢呼起来。此时大家都很兴奋,互相握手、拥抱、祝贺!这项任务的顺利完成凝聚着在场所有人的付出。

\* 中方总指挥吴明水在保证书上签字,意味着:在比利时这个法治国家,一旦"吊环拆吊法"失败,吊车砸毁,两名比利时司机罹难,吴明水因在保证书上签字,将受到比利时司法当局刑拘,首钢也将赔偿对方一切损失,而比利时安全员方克却不用承担任何责任。

二是拆卸转炉。转炉重 220 多吨，其托圈重 250 吨，因托圈与转炉连接部的弹簧座销子磨损，最后采取拔掉弹簧座，吊装转炉，考虑到没有地方拴绳，由此决定在转炉四周焊接 4 个大吊环，但是 4 个吊环能否承受住 220 多吨转炉重量，必须经过精确计算。实践证明，这 4 个吊环从拆卸、运输到安装全程发挥了重要作用。

塞兰钢厂的拆迁工作，中方与比利时巴伦公司（一家中介公司）合作，由他们负责钢厂拆卸时与有关方面的联络、提供拆卸工具及部分物质材料、海上运输安排等事项；比利时安全局派遣一名安全员监督现场安全。比利时在建设塞兰钢厂时曾有两人伤亡；首钢很注重安全问题，整个拆卸工作没有发生重大工伤事故，并且在拆迁过程中，首钢工人在比利时没有一人违反外事纪律。

## 漂洋过海，运输难关

正所谓"蜀道之难，难于上青天"，越洋万里将塞兰钢厂 6.2 万吨重的钢结构设施 / 设备从比利时运到天津港，还要再通过 240 千米陆路运输，才能抵达首钢。此项运输任务非常艰难，特别是将 89 件超高、超长、超宽、超重的"四超"大型钢结构工艺设备（最高 10.74 米、最长 36.7 米、最宽 10.1 米、最重 270 吨），漂洋过海安全运抵首钢第二炼钢厂工地。不仅在比利时境内遇到两大难关，而且在国内陆路运输中亦遇到两只"特大拦路虎"。

尽管比利时作为当时欧洲的物流中心，拥有四通八达的海、陆、空运输系统，但要将塞兰钢厂从列日市运抵安特卫普港，则有两道难关需要首钢工程技术人员攻克。

第一关：跨越塞兰钢厂工业区皮带运输机通廊。因为塞兰钢厂的"四超"大件设备难以通过列日市的陆路运输，只可采取水路运输，所以需要先将各设施／设备用平板拖车从塞兰钢厂运到默兹河码头，再装船运往安特卫普港。陆路运输必须穿过塞兰钢厂工业区的一条铁路线和昼夜运转的皮带运输机通廊，且架设通廊的标高和空间宽度仅有 6 米，而最大转炉直径 8.16 米、高 10.74 米、转炉托圈直径 10 米，显然无法通过。为了不影响塞兰钢厂铁路线运输和炼铁高炉昼夜用料生产，总指挥吴明水带领首钢工程技术人员经多次现场勘查测算、研究，决定采用空中吊运法，即在通廊附近安装一台起重能力 500 吨的汽车吊，将转炉、托圈分别从皮带机通廊上空跨过，吊运至对面拖车上，从而攻克第一关。

第二关：横穿默兹河桥洞。大拖车将"四超"大件设备运至默兹河码头，采用集装箱船从列日港启航，经 14 小时即可抵达比利时出海口安特卫普港。但问题是，首钢工程技术人员考察时发现，架设在默兹河上空的一座座桥梁，成为"四超"大件设备的拦路虎。因为装载大件设备的货船超高，所以无法通过桥洞。大家集思广益，绞尽脑汁想对策。首钢工程技术人员从中国古代"曹冲称象"的故事中受到启发，决定采用"驳船沉浮法"运输超大件设备。由此，最终将塞兰钢厂的"四超"构件及其他设备全部安全运达比利时安特卫普港。克服了比利时境内的运输难关后，又遇到国内运输中的"拦路虎"。

◎知识链接

"驳船沉浮法"原理是通过调节压载水舱内的压载水量，使驳船满足浮态、稳性和强度的要求，从而保证下水过程安全。即驳船的船舱为全封闭式，当船行驶到桥洞时，向舱内注水，使船身下沉，过桥后舱内水排出，驳船浮出水面继续前行。

国内运输第一只"拦路虎"：天津港无力承接"四超"大件设备。1986年5月23日，装载着塞兰钢厂"四超"大件设备的"摩士曼星"号货轮，从比利时安特卫普港启航，穿越东西伯利亚海、白令海峡和太平洋，历经51个昼夜，于7月12日在中国渤海湾大沽口抛下锚链。事实上，在货轮启航之前，其船东比利时普沃路公司和首钢驻港接运人员，已详细勘察天津港码头承重力、劳动组织情况、卸货和接货能力。天津港位于渤海湾西端，素有中国首都北京的"海上门户"之称，是距离首钢最近的海港。受港口地质构造因素影响，这里的码头承重能力为每平方米3~5吨；因此，无力承受体积相对集中且重65吨以上的货物。即使加固码头，亦难接卸塞兰钢厂"四超"大件设备。而且当时天津港最大的吊车起重能力仅有200吨，无法吊起塞兰钢厂最重的270吨天车大梁，"摩士曼星"号货轮自备吊车的最大起重能力亦只有80吨。

按塞兰钢厂运输协议和国际海运惯例，货轮在卸货期内提前卸完离港，可以拿到一笔速遣费；若超卸货期限，货主需向船东交纳滞期费，其为速遣费的两倍。"摩士曼星"号船东看天津港条件有限，根本无法接卸货轮，便坐等拿一笔数目可观的滞期费。然而，早在货轮抵港前一个多月，首钢驻港接运人员已开始攻关工作。在天津港务局和石油工业部的协助与热情支持下，借用渤海石油公司的一台日本制造900吨浮吊，解决了卸船问题。接下来又面临着"四超"大件设备如何稳妥落地问题。受到香港航运界一位资深人士建议"天津港建造浮码头以扩大吞吐能力"的启发，首钢工程技术人员再次想到了驳船，用其代替浮码头承接"四超"大件设备，运到坚实的海岸。由此，驳船扫除天津港无力承接"四超"大件设备的"拦路虎"。

◎知识链接

"浮码头"是漂浮在海面的卸货平台，即用锚碇在岸边、供船舶停靠的趸船组成的码头，又称"趸船码头"。这种码头由趸船、趸船的锚系和支撑设施、活动引桥和护岸组成。趸船随水位作垂直升降，作为码头面的趸船甲板面与水面的高差基本不变。此类码头承重能力大，可以像船一样移动，适用于水位变幅较大、掩护条件较好的客货码头、渔码头等。

1986年7月15日，石油工业部调度中国当时最大的一台900吨浮吊，连夜从大连湾驶入天津港；与此同时，1500吨甲板驳船进港待命。当日下午，"摩士曼星"号货轮接天津港务局指令，于7月17日，在中国引水员的引领下，乘着大潮驶入天津港第五作业区16段码头。接下来一切都按首钢工程人员预定方案进行着，

7月28日，在各方通力合作下，"摩士曼星"号货轮上的塞兰钢厂全部设备安全落地。这一天距离15天卸船期限还有3天，再次展现"首钢速度"。按合同，比利时普沃路公司需向首钢支付22.5万美元速遣费。

国内运输第二只"拦路虎"：塞兰钢厂全部设备安全落地了，但如何完成从天津到北京的245千米陆路运输，顺利抵达首钢第二炼钢厂工地？首钢负责接运设备的工程人员对天津港到首钢第二炼钢厂工地的道路进行了全面勘测，结果这一路阻拦"四超"大件设备的障碍比比皆是，无数道难关拦在首钢人面前。这些难关包括：10万千伏至35万千伏高压线路285条，通信载波电话电缆线路289条，桥梁12座，修补加固公路累计9.6千米，砍伐树木3万株；245千米的运输线，平均间隔7.1米即有一处障碍。其中涉及公路、铁路、桥梁、通信、电网等多个领域，关系到京津冀人们的生活和工农业生产，甚至环保问题。解决这些问题需要与京津冀三地的海关、港口、铁路、公路、桥梁、市政、交通、公安、电力、邮政、园林等几十个部门的上百家单位沟通和协商。其间任何一关不畅，运输都会受阻，情况之复杂、工作难度之大远超预想。

京津冀三地分别给首钢的清理路障经费预算为：北京1500万元，天津763万元，廊坊10万元。总计2273万元的路障处理费，相当于首钢1986年利润总额的2%。首钢工程技术人员通过上百次的实地勘察，拜访京津冀近百家单位，进行各种协商，最终将清理路障的预算控制在1245万元以内。

在国内外的关注下，我国充分发挥了集中力量办大事的优良传统。首钢运输工程得到党中央、国务院和地方政府的亲切关怀和大力支持。随着国务院的重要指示：对首钢大件设备运输要做到"精心组织，万无一失，完整无缺"。有中央和地方政府的大力支持，京津冀两市一省接运工作，对运输路线上的100多座桥梁、289处高压线、250多处通信线，其中包括两条国际"热线"100多座桥梁，采取安全技术措施，将首钢"四超"大件设备运输线上的障碍逐一排除。根据塞兰钢厂"四超"大件设备的尺寸和重

△ 1986年8月，塞兰钢厂设备从天津运往北京途中掠影（首钢提供）

量参数，以及当时中国大型运输车辆的实际情况，首钢最终选择武汉运输分公司的 425 吨大型拖车运输。武汉运输公司这台三纵列拼合式、十轴 120 轮大型拖车，车身宽 5.79 米，平台高 1.08 米，转炉装车后高达 9.34 米，行车安全、稳定可靠，是当时中国载重能力最大，亦是唯一的特大型公路运输工具。在国家和京津冀有关领导的关怀和支持下，1986 年 8 月上旬，首钢运输塞兰钢厂设备的全线路段完成障碍处理工作。

1986 年 8 月 14 日，塞兰钢厂运输车队离开天津港，向北京首钢第二炼钢厂工地进发。从天津到北京，北京市及交通部门相关人员专门组成特护队，运输塞兰钢厂的车辆在开道车、标杆车、指挥车的引导下，以 2 千米 / 时的速度，"走了" 245 千米的路程，历经 7 天，安全抵达目的地。1986 年 8 月 20 日清晨，塞兰钢厂设施 / 设备历经 20000 千米，以环绕地球半圈的行程，累计 2 个月的水陆舟车，长途跋涉，终于到达归宿地——北京西郊石景山脚下的首钢第二炼钢厂工地。这是中国公路运输史上一次壮举，国内外媒体给予高度评价，称之为奇迹。

## 塞兰钢厂获新生：首钢第二炼钢厂

1986 年 8 月下旬，塞兰钢厂转炉运回首钢，开始安装，其过程与在比利时拆卸时一样艰难。安装与拆卸正好顺序相反，先拆的后装，后拆的先装。在比利时拆卸时，每个构件按照顺序都有编号，本着谁拆谁装的原则，基本采取原拆原建，安装工作中虽遇到了各种问题，但经首钢工程技术人员的集思广益，最终顺利完成安装任务。同时，设备安装过程中，采取大型转炉倒装法的吊装方案，因其实用、省时省力、省料、技术先进，获得冶金部颁发的安装科技奖一等奖和北京市优秀科技进步奖一等奖。事实证明，首钢购买塞兰钢厂，对其整体拆迁、安装、重建，充分体现了中国工程技术人员的能力和智慧，首钢有足够的能力和信心建设现代化钢厂。

1987年8月6日，塞兰钢厂被首钢赋予新生命，以"第二炼钢厂"的崭新面貌建成投产，年生产能力500万吨。这是国内钢

△ 1987年8月6日，首钢第二炼钢厂建成投产（首钢提供）

铁业首次采取企业以自有资金引进二手设备，与国外合作制造部分新设备和首钢自行配套补充，自己设计、施工、建设的现代化大型炼钢厂。一期工程建设2座210吨转炉、2台方坯连铸机；二期工程建设2台板坯连铸机，总投资8.4亿元人民币（含外汇）。

首钢第二炼钢厂的建设，并非将比利时塞兰钢厂原样复制到中国土地上，而是历经移地大修，以当时的最高标准，进行大量修、配、改等工程，重建起来的现代化钢厂。其中，采用原有技术设备21项，改进18项；2台方坯连铸机引进于瑞典康卡斯特公司；210吨转炉实现顶底复合吹炼，比原来单纯顶吹法的生产效益提高很多，而且延长了转炉使用寿命。这是中国冶金行业首次将顶底复合吹炼技术应用到大型转炉；同时，炼钢辅助原料运输和加料系统均实现机械化和自动化。例如，首钢自行设计的转炉煤气除尘回收系统，不仅清除烟气中的粉尘，消除环境污染，而且可以对烟气净化处理后回收利用，每炉钢可回收转炉煤气2万立方米，蒸汽10万~20万吨，大大提高转炉炼钢经济效益。

1992年5月22日，邓小平视察第二炼钢厂，指出首钢采取引进国外二手设备加速建设现代化钢厂的做法"是一条捷路"。2010年12月20日，第二炼钢厂停止生产，其投产23年来共产钢超过8300万吨。至此，首钢石景山区钢铁工业全面停产。首钢购买塞兰钢厂，对中国钢铁工业发展带来的影响，远超其创造的经济价值。

红色工業

第 7 章
CHAPTER SEVEN

高瞻远瞩　首钢之"首"

20世纪80—90年代，国家给予国有企业改革政策，首钢党委率领广大职工解放思想、团结一致、艰苦奋斗、努力开拓。20世纪80年代中叶，首钢在引进比利时塞兰钢厂二手设备的同时，建立了中国钢铁行业第一支远洋船队，首钢职工经过培训，成为中国钢铁行业第一代海员。他们将首钢形象和首钢精神传播到世界各地。1992年，首钢收购秘鲁铁矿，成立我国第一家由工业企业创办的商业银行——华夏银行，成为当时国有企业改革的典型代表。

## 钢铁业远洋船队

1985年1月31日，首钢代表高伯聪（总工程师）与比利时考克利尔公司代表签署合同，购买塞兰钢厂和瓦特费尔厂高速双线轧机。为降低运输这两座工厂设备的海运费用，并着眼长远发展战略，1985年，首钢组建自己的船队，创办中国钢铁业第一支远洋船队。

1985年2月1日，首钢与香港亨达公司举行合资经营中国爱

△ 1985年2月1日，首钢成立中国爱思济船务有限公司（首钢提供）

思济船务有限公司签字仪式。这是首钢自1979年开始企业管理改革以来成立的第一家合资企业，同时也是开拓企业经营的新领域——航海运输业。合资公司总投资为400万美元，其中首钢投资105万美元，拥有"钢城"号、"新基"号、"飞腾"号3艘从英国购买的远洋货轮，载重均为1.77万吨。随后相继购买"金乡"号、"金田"号、"金路"号3艘万吨货轮。在船队管理方面，首钢采取向国内远洋运输公司聘请船长、轮机长、驾驶员（大副、二副、三副）、轮机员（大管轮、二管轮、三管轮）等高级船员；从首钢内部选拔水手长、水手、机工、厨师等普通船员，再送往海运学院培训的方式。同时，首钢面向社会招贤纳士，组建了一支技术业务精湛、思想作风过硬的管理队伍。

20世纪80年代，世界航运业被全球经济衰退的氛围笼罩，正处于萧条时期。首钢此时组建自己的远洋船队，无疑是在原本不景气的国内航运市场再分一杯羹，因此难免遭受同行的排挤和围追堵截。首钢顶住压力，果断向国际航运市场进军：一是自1986年7月起，采取国际通用租船方法，租用外国公司的营业执照和船舶扩大运货范围；二是自1987年5月起，在国外设立船舶业务代理，进一步扩大营业范围；三是引进外资创办中外合资子公司，改善经营环境。首钢航运公司航线遍及世界71个国家和地区、120个港口，承运国内外货物18万吨、54万立方米，子公司发展至6家。在当时国际航运公司相继倒闭的情况下，首钢航运公司成立3年，便创汇132万美元，顽强地成长起来。

1991年1月，中国爱思济船务有限公司以410万元购买"达亚陆克"号远洋货船，载重1.5万吨；同年10月又以432.5万元购买"依普·艾吉斯蒙"号杂货船，载重1.5万吨；至此，首钢远洋船队船舶数量达8艘，载重动力突破10万吨。1993年7月，首钢为解决进口铁矿石的接卸问题，决定建立自己的铁矿石码头。选中位于河北省唐山市滦南县南堡镇沿海的曹妃甸，作为停泊30万吨级船舶的最佳港址。该地距北京200多千米，属于海中岛，滩前水位深、滩后面积大，经填海造地，可与陆地相连。首钢取曹妃甸属地南堡镇谐音定名为"兰宝港"，开始筹建工作，并与交通部等单位共同编制开发曹妃甸和建设兰宝港的可行性研究报告。后因种种缘由，兰宝港建设项目搁浅，首钢在曹妃甸播下的种子，直到21世纪初因北京举办奥运会，首钢需要搬离首都之际才结出果实。

1995—1996年，首钢向韩国、日本订购9艘载重17万吨级至21万吨级的散装货船。其中，1996年3月28日，日本佐世保重工株式会社制造的新"钢城"轮下水，该船总长290米，吃水18.3米，最大载重18万吨，货舱容积20万立方米；1996年5月31日，佐世保船厂制造的"华夏"轮下水，该船总长230米、宽46米、高25米，吃水18.3米，载重18万吨。"华夏"轮下水当日，"钢城"号货轮满载秘鲁铁矿石穿越太平洋，抵达宁波北仑港，成功完成首次航行。

1998年4月24日，首钢控股（香港）有限公司下属首长国际企业有限公司与英国铁航公司合资成立"联合散货运输有限公司"，总部设在中国香港，并分别在美国纽约、中国北京和日本东京设有联络处。英国铁航公司占该公司50%股权，首钢控股（香港）有限公司和首长国际企业有限公司分别持有25%股权。该公司是当时全球吨位最大、船龄最短、现代化程度最高的船队，拥有26艘11万吨级至21万吨级散装货船，其中包括首钢9艘货轮，总载重420万吨，平均船龄3年。1998年7月7日，公司开始正式运营，主要从秘鲁、澳洲和南非等地向我国运输进口矿石。

△ 首钢秘鲁铁矿生产的矿粉装船启航运往国内（首钢提供）

## 中国海外第一矿

原材料和燃料资源是发展钢铁工业的物质基础，按其在钢铁工业中的重要性，原材料资源可大体分为两类：一是铁矿石，是发展钢铁工业的主要原料；二是锰矿及其他辅助原材料资源，如铬铁矿、各种耐火原料等，是钢铁生产不可或缺的原料。尤其是原料资源的数量、质量及分布状况，对一个国家钢铁工业发展和布局均有重要影响。

第二次世界大战结束后，世界钢铁工业地理分布发生变化的主要原因之一是世界铁矿石出口基地由北半球转移到南半球。第二次世界大战前，法国是世界最大的铁矿石出口国，其次是瑞典。第二次世界大战后到 20 世纪 50 年代中期，世界铁矿石出口基地仍在北半球。自 20 世纪 50 年代后期以来，随着勘探、采矿、选矿技术和运输技术的进步，南半球各大洲相继发现许多大型铁矿，并迅速投入工业开发，使南半球铁矿资源成为世界钢铁工业的重要原料基地。20 世纪 70 年代中期至 80 年代中期，澳大利亚为世界上最大的铁矿石出口国，巴西居第二位。1985 年之后，巴西铁矿石出口量超过澳大利亚，跃居世界首位。同时，南美洲的委内瑞拉、秘鲁的铁矿石出口量亦相当可观。

我国铁矿石资源具备储量丰富而富矿少，含铁品位低；分布广而不平衡，大矿比较集中；难选矿与共生矿多，利用程度低等特点。由于矿山开采落后，我国发展钢铁工业必须充分开发国内矿山，同时也要充分利用国外资源。1992年国际铁矿石价格为粉矿每吨20美元，块矿每吨25美元；进入21世纪，中国等亚洲国家对进口铁矿石的依赖致使国际市场价格一路飙升。2010年4月，中国进口铁矿石的平均价格达111.3美元/吨。由于我国铁矿石资源分布特点，我国钢铁企业长期为铁矿石所困，首钢也不例外。

1971年11月，中国、秘鲁两国建交，在经济、科技、文化、教育等领域交流日益增多，双方在国际事务中相互理解、密切合作。1992年11月5日，秘鲁政府向世界宣布：中国首钢在购买秘

△ 1992年11月5日，首钢购买秘鲁铁矿公司新闻发布会（首钢提供）

鲁铁矿公司国标招标中中标，中国首钢总公司出资1.18亿美元，承付4200万美元的债务，承诺再投资1亿美元技术改造，买下秘鲁马尔科纳铁矿山95.9%的股权，包括该公司现有采矿、选矿、港口等各种资产及资源的永久勘探和开采经营权。整个矿区面积达600平方千米，已探明的150平方千米范围内就有14亿吨铁矿，原矿品位为51%~57%，精矿粉品位为65%~69%，而且全部露天开采。这是当时中国公司最大的一宗海外铁矿收购案，首钢秘鲁铁矿公司将成为首钢在境外最大的独资企业。

秘鲁马尔科纳铁矿位于太平洋东岸，1870年意大利地质学家在这里发现铁矿。1953年，美国人投资创办马尔科纳矿业公司，同时建设选矿厂和港口；1975年被秘鲁军政府收为

△ 秘鲁马尔科纳铁矿（首钢提供）

国有，后因经营不善，企业濒临破产。秘鲁总统滕森上任后推行私有化政策，秘鲁政府决定将马尔科纳矿业公司全部资产通过美国第一波士顿银行，采取国际招标方式公开拍卖。1992年8月，首钢先后派三批专家前往考察，证实该矿山的铁矿石储量及品位特征等信息，当即派出投标组前往秘鲁首都利马，参加投标。其中参加投标的外国财团还有日本三菱公司，而拥有日本血统和日本国籍的秘鲁总统滕森，更倾向于日本中标。经过激烈竞争，志在必得的中国首钢以高于标底四倍的价格一举获得秘鲁马尔科纳铁矿。

首钢接管秘鲁铁矿之初，矿厂的基础设施基本处于瘫痪状态，8条矿粉生产线只有一条正常作业，钻机、电铲、破碎机等主要采矿设备基本不能运转。首钢首先投入资金进行设备修复和更新，使铁矿起死回生。1993年5月11日，"巴西利亚·维多利亚"号矿砂船满载首钢秘鲁铁矿近13万吨团矿产品，抵达中国宁波北仑港，成为供应首钢高炉生产的第一批原料。首钢秘鲁铁矿公司在增产同时，十分重视当地环境保护，相继投资建设尾矿库和污水处理厂，结束铁矿开采以来生产生活污水直接排入大海的历史。

秘鲁最大的国有铁矿归入中国首钢旗下，在语言、社会制度、文化、信仰等完全不同的陌生国度，如何管控铁矿，成为首钢面临的新课题。

面对秘鲁工人罢工问题，首钢管理者与工会展开艰苦谈判。

为有效遏制罢工，首钢秘鲁铁矿公司设置不罢工保证金，与每位职工签订合同，如果全年不罢工，就可以领到一笔可观的奖金，并按季发放；如果罢工就扣回已发奖金。由此对抵制罢工起到有效作用，并被秘鲁其他企业效仿。另外，首钢秘鲁铁矿职工福利及补贴在当地维持在一个较高水平，且随着当地职工人数的增加，企业包袱越来越重。起初在秘鲁铁矿工作的中方人员最多时有170多人，后因语言不通，与当地矿工存在交流问题，逐渐改为秘鲁人管理秘鲁人，从而提高了工作效率。此外，首钢在当地法律允许范围内，对一些工程和部分辅助业务采取外包策略，即委托当地资质好、有信誉的企业实行第三方服务，既化解企业与职工在人事、福利、分配等问题上的冲突，又使公司减轻负担。

首钢秘鲁铁矿公司为秘鲁经济发展做出重要贡献，同时为中秘两国关系起到积极推动作用。首钢经营秘鲁铁矿，不仅逐渐恢复当地经济，而且援助当地教育，使马尔科纳逐渐成为全省教育设施和设备最现代化、教学环境最好的地区。随着对秘鲁铁矿的深入了解，以及对秘鲁法律和经营环境的深入认识，首钢逐步提高开发秘鲁铁矿的能力，因此铁矿经营状况逐渐好转，产量和盈利能力逐步提高。此外，继1992年首钢收购秘鲁铁矿，成为中国第一家开拓海外资源战略的企业之后，鞍钢、中国钢铁工贸集团、宝钢亦相继向澳大利亚、南非、巴西等国家开拓资源市场，为中国钢铁工业发展起到积极推动作用。

## 华夏银行：中国第一家工业企业创办的商业银行

中华人民共和国成立至改革开放前的 30 年间，中国金融体系基本是一个高度集中的计划金融体系，"大一统"的银行制度是该体系的最基本特征。1948 年 12 月，中国人民银行成立。其作为政府"司库"，是全国货币发行中心、结算中心、信贷中心，为国家"守计划，把口子"；既行使中央银行职能，又办理所有具体银行业务；既是金融行政管理机关，又是经营金融业务的经济实体。这一时期，中国人民银行既作为中央银行又作为商业银行，掌握着金融资产总额的 93%，且城镇居民、国有企业和国有部门之间的业务均通过中国银行清算。

党的十一届三中全会之后，中国金融体制拉开改革大幕。1978 年，中国人民银行正式从财政部的依附地位独立出来，升格为部级单位；1979 年 3 月，恢复中国农业银行，隶属国务院；同期将中国银行从中国人民银行分离出来，同样隶属国务院；1979 年 8 月，中国人民银行经国务院决定改为直属机构；1984 年 1 月 1 日，中国工商银行成立。从此，计划经济下"大一统"的银行体系被以中央银行领导和四大专业银行配套为主的二元银行体系取代。1986 年 7 月，交通银行重组，成立了以公有制为主的股份制全国性综合性银行，此后相继成立中信实业银行、招商银行、深圳发展银行、烟台住房储蓄银行等12家股份制银行；1987年，中国人民银行提出建立中央银行为领导，各类银行为主体，多种金融机构并存和分工协作的社会主义金融体系。

在此历史背景下，华夏银行应运而生。首钢作为全国最早进行改革试点的国有企业，是一家跨行业、跨地区、跨所有制、跨国经营的特大型企业，内部资金流通和对外资金融通业务急剧增加，成立银行参与资金经营，成为首钢进一步改革与发展的迫切需求。1992年5月22日，时任改革开放总设计师的邓小平视察首钢，之后国务院不仅赋予首钢更大的投资立项权和外贸自主权，还给予首钢资金融通权，批准首钢建立自己的银行，按照国际惯例经营金融业务。1992年8月4日，首钢成立华夏银行；10月10日，中国人民银行下发《关于同意华夏银行开业的批复》同意首钢华夏银行开业，原则上同意《华夏银行》章程；18日，首钢华夏银行正式开业，当日存款开户2396户，金额达225.2万元。1992年12月22日，时任国务院总理李鹏来首钢，为华夏银行开业典礼剪彩，这是我国第一家由企业开办的全国性商业银行。从筹备、报批到开业，华夏银行仅用4个月时间，开创了中国金融界建行速度最快纪录。

华夏银行是首钢总公司兴办的全民所有制金融企业，行政上归属首钢领导，业务上接受中国人民银行指导和检查，具有独立法人资格，注册资金10亿元。1993年，华夏银行各项业务全面开

△ 1992 年 12 月 22 日首钢华夏银行开业典礼（首钢提供）

展，其业务范围包括本外币存款、贷款及储蓄；本外币票据承兑、贴现；国内国际结算、汇兑；银行间资金融通拆借；外币兑换和外币买卖；国内国际金融租赁、信托；发行和代理发行有价证券；经济担保；信用见证；资信调查；经济咨询；代保管业务等。在存款业务上，客户遍及钢铁、有色金属、电子、电力、机械、铁路等各行业；在贷款业务上，华夏银行支持首钢冷轧厂、矿业公司水厂、第三炼钢厂等一系列重点工程项目；在信托业务上，以"拾遗补阙、灵活机动"为方针；在证券业务上，成功为首钢代理发行和兑付 2 亿元短期融资债券，为北京首汽实业股份有限公司代理发行 800 万股法人股股票；在国际金融业务上，与世界 166 家银行建立代理行关系，与 18 家银行有账户往来。1995 年年底，华夏银行成立3年，资产总额达到118亿元人民币，在北京开设7个办事处、7个储蓄所、2个证券部和11个专柜及代办点，并在南京和杭州开设分行。

1995年，根据国家金融体制改革要求，按照商业银行经营管理原则，经中国人民银行批准，首钢决定对华夏银行进行改制，成立华夏银行股份有限公司；同年11月18日，华夏银行股份有限公司成立大会暨第一次股东大会在人民大会堂召开，首钢、山东电力工业公司等43家股东代表出席会议。至此，华夏银行从首钢独资商业银行，发展为多家企业参股的股份制商业银行。

红色
工业

# 第 8 章
## CHAPTER EIGHT

# 购买美国钢厂始末
# 播撒中津友谊种子

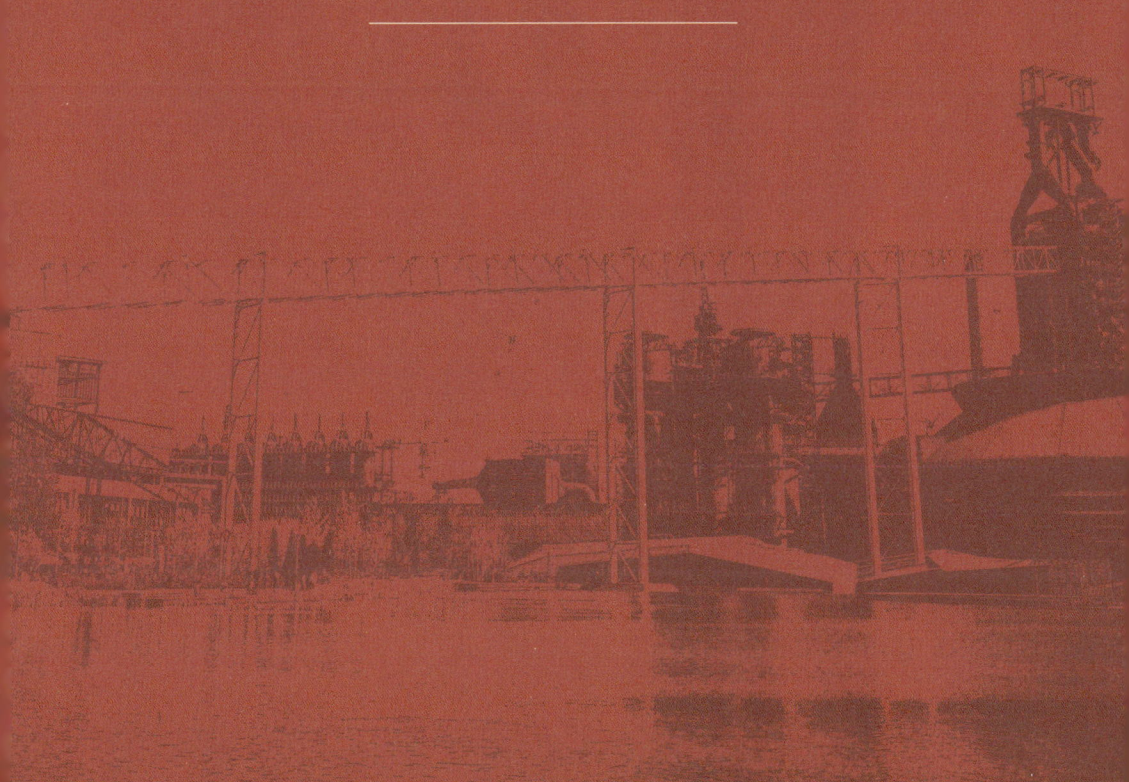

1972年,时任美国总统尼克松访华,标志着中华人民共和国成立后中美相互隔绝的局面被打破。1979年1月1日,中美正式建交,两国关系回暖。1992—1993年,首钢购买美国加州钢厂,并派遣300名工程技术人员实施拆迁工程,这是自19世纪60年代美国重建以来允许中国人进入本土施工的最大工程项目,也是当时『第三世界』收购『超级大国』前所未有的案例,震撼了整个世界。20世纪90年代,首钢重视技术引进,亦有能力技术输出。1996年5月,时任国家主席江泽民出访津巴布韦,这是我国元首第一次访问这个非洲国家。访问期间,两国签订技术、经济和贸易多项合作协定,其中一项是首钢承建津巴布韦钢铁公司4号高炉修复工程。

## 首钢购买美国加州钢厂始末

1992年10月30日,首钢同美国加利福尼亚钢铁公司,就购买该公司第二转炉炼钢厂(简称"加州钢厂")全部厂房、设备,在洛杉矶举行合同签字仪式,首钢以1530万美元收购该厂,其全部产权正式划归首钢所有,该厂设备及厂房总重6.2万吨。首钢计划对加州钢厂设备改造后安装于山东即将开始建设的首钢齐鲁钢铁公司,建成后年产钢450万吨,总投资约4亿美元。1992年12月4日,国务院常务会议批准了首钢和山东省合作在济宁地区建设齐鲁钢铁大厂的立项。这是一次性审批,不再审批可行性报告。

19世纪下半叶,美国钢铁工业迅速发展,技术先进,曾在世界上处于领先地位。1890年,美国钢产量超过英国,居世界首位。1953年产钢10125万吨,成为钢产量首次突破1亿吨的国家。此后20年中,美国钢铁工业处于世界领先地位,保持着较强的竞争力。但1971年和1980年,美国的钢产量先后被苏联和日本超过,其钢铁工业在世界上的地位逐渐下降。20世纪70年代,世界性石油危机的出现,导致第二次世界大战后资本主义国家出现经济危机,美国钢产量大幅下降。尤其在1980—1982年的经济危机中,美国钢铁工业一蹶不振，1983年美国钢产量仅7676万吨，相当于第二次世界大战后初期水平。20世纪80年代和90年代初期，美国钢铁工业减少33万个工作岗位，生产能力降到50%以下，一些钢铁工业重镇关闭了大部分钢铁厂。

位于美国加利福尼亚州方塔地区的加利福尼亚钢铁公司，以前隶属于凯泽钢铁（Kaiser Steel）公司。首钢购买的美国加州钢厂设备正是该厂搁置多年的氧气转炉炼钢设备和连铸机等，始建于1974年，投产于1978年10月，1984年停产，年产钢255万~300万吨，产品为钢锭和连铸板坯。首钢购买的加州钢厂主要设备包括：2座210吨氧气顶吹转炉，1台年产65万吨单流板坯连铸机，14台重型天车，5台295吨吊车，15台大型变压器，21台大型电机。厂房设备和结构主要由美国制造厂设计制造，均采用英制和美国标准。钢结构厂房主要建筑物包括：炼钢连铸主厂房、散状原料间、废钢间、二次除尘室、给排水泵站及冷却塔、转炉污水处理、连铸水处理、配变电室等设施。连铸主厂房包括装料跨、转炉跨、连铸跨和铸锭跨，占地面积约1.8万平方米。首钢购买加州钢厂的价格仅为其原值的十分之一。按照合同，首钢负责拆卸加州钢厂总重6.2万吨的全部厂房结构、机、电、计量设备和工艺管道；负责包装和美国境内陆路运输，凿除10021立方米混凝土基础；拆除建筑物包括钢结构厂房的所有设施和设备，总面积为36393平方米。

与比利时塞兰钢厂相比，美国加州钢厂的厂房结构复杂，超高、超长、超宽和超重设备体量更大，这项跨国购买与拆迁工程备受世界人民瞩目。

1993年1月14日，首钢第一批71名工程技术人员前往美国加州；3月底，全部施工人员陆续抵达洛杉矶。首钢自己出资购买世界头号强国的钢铁厂并实施远距离拆运工程，是继1985年首钢购买比利时塞兰钢厂后的又一创举，国内外媒体竞相对此进行跟踪报道。为此，美国专程对加州钢厂的拆卸和装运全过程进行了拍摄记录。作为邻邦，日本非常关注中国的崛起，其最大的广播电视机构NHK派出专业采访小组赴美国洛杉矶进行全程采访，NHK采访组三次赴美国加州拍摄，前后历时两个多月，两次采用直升机航拍加州钢厂拆迁工程和满载设备的货轮从长滩港起锚出海的壮观场面，用镜头真实记录了首钢海外工程队员在美国工作和生活的情况。

首钢在洛杉矶租赁了南加州规模最大的"依柯诺"汽车旅店，该旅店位于圣伯纳迪诺县215号高速公路和10号高速公路交汇点，为黄墙红瓦庭院式两层楼建筑，周围环境舒适、风景宜人。旅店完全由首钢自己管理。首钢从国内派来9名厨师负责员工的饮食。旅店距离加州钢厂60千米，首钢每天安排班车接送员工上下班，且员工在加州钢厂分为三班作业。他们仅用10个月时间将加州钢厂的全部厂房结构和设备落地，再次向世界展现中国人民的勤劳与智慧。此外，首钢亦会安排员工外出休闲度假，所达之处，首钢人彬彬有礼，井然有序，向美国公众展示了中国工人良好的精神风貌。

洛杉矶聚居着来自中国的很多移民。首钢在加州钢厂实施拆迁工程，吸引了不少当地华人关注，他们由此真正认识到祖国正在走向繁荣。很多华人朋友成群结队来旅店看望首钢员工，并热情邀请他们到家里做客。南加州的 KSCI 国际电视台专访在加州钢厂施工的首钢工程队，制作电视访谈节目《大陆中国工人谈美国印象》，并通过亚洲卫视向全球 50 多个国家播放。

加州钢厂设施、设备和厂房结构按计划要运到中国山东，建设齐鲁钢铁厂。1989 年，首钢和山东省政府联合上报了《齐鲁钢铁公司项目建议书》和《齐鲁钢铁公司项目预可行性研究报告》。1990 年 3 月，中国国际工程咨询有限公司（简称"中咨公司"）受命对《齐鲁钢铁公司项目建议书》进行评估。1990 年 7 月 5 日，经中共中央组织部批准，石启荣被任命为国家计划委员会党组成员，并担任齐鲁钢铁公司项目评估工作领导小组组长，小组成员有中咨公司副董事长徐礼章以及冶金、农林水、能源、交通、经济法律等相关部门负责人。石启荣与专家组一同赴山东济宁项目现场进行调研、考察和交流，充分听取各方面意见和研究有关文件、资料，对各厂址的宏观经济条件及对钢铁工业布局的影响，厂址地质条件，环保条件，矿石、煤炭、水、电等资源供应条件，港口条件，铁路运输条件等，进行了全面、系统的调查研究和对比分析，提出厂址推荐意见。同时，在项目建设方案论证中，着重分析了当时国家宏观经济和钢铁行业状况，通过综合分析、论证，评估指出：计划建设的齐鲁钢铁厂地处内陆，项目投资大，水、电、煤炭供应以及运输等外部配套条件存在不少问题，且需要大量投资，在当时经济条件下国力难以承受，在厂址条件方面山东石臼比济宁好；再则，项目资金筹措方案基本不落实，因此建议"齐鲁大厂不能仓促上马"。后因种种缘由，首钢齐鲁钢铁厂项目没有建成。

由于首钢山东齐鲁钢铁厂工程停建，经国家有关部门协调，本着有利于国家、有利于企业的精神，首钢与包钢签订了美国加州钢厂二手炼钢设备转让协议，1997年11月26日，首钢将这套厂房结构和各项设施设备转让给包钢。包钢对加州钢厂的这套厂房结构和设施设备进行修、配、改，补充完善公辅设施，建成包钢第二炼钢厂，于2001年11月4日竣工投产。

## 播撒在津巴布韦的友谊种子

首钢人有着中华儿女志在四方的豪迈精神，世界很多地方都留下了首钢人的坚实足迹。20世纪90年代，在遥远的非洲大地上亦留下首钢人矫健的身影。1996年5月8—22日，时任国家主席江泽民对包括津巴布韦在内的非洲六国进行国事访问。江泽民在访问津巴布韦期间，两国签订了经济、贸易和技术合作等相关协定，其中包括首钢承建津巴布韦钢铁公司（简称"津钢"）4号高炉修复工程。

津钢是津巴布韦唯一的钢铁联合企业，亦是非洲第二大钢铁企业，拥有铁矿、石灰石矿、焦化、烧结、炼铁、炼钢、轧钢及相配套辅助设施，具有年产100万吨钢的综合生产能力。该公司不仅在津巴布韦国民经济发展中有着举足轻重的地位，同时对南部非洲发展共同体国家经济发展至关重要。津钢4号高炉原工作容积1360立方米，由奥钢联承建，1975年投产，1985年进行过一次检修；1993年3月发生大料钟拉杆断裂，大料钟落入炉内事故，造成高炉停产。4号高炉停产后，津钢的钢产量从1992年的80万吨下滑到1993年的20万吨，同时该国采矿业、运输业及地方工业均受到影响，处于半停产状态。因此，4号高炉修复工程，对增进中津友谊，加强两国经济合作，促进津巴布韦国家经济发展，并对中国企业开拓非洲市场都有积极推动作用。

1997年5月首钢与津钢正式签订4号高炉原地修复工程合同，津钢4号高炉修复工程总投资5000万美元，其中1500万美元由津钢自筹，其余由中国进出口银行提供买房贷款；由首钢提供交钥匙工程，总包工程的设计、供货、施工、调试、人员培训、生产操作指导等各项任务，工期18个月，即从1997年12月1日—

1999年6月1日。为将津钢4号高炉修复工程打造成中津合作的标志性工程，首钢抽调精兵强将，由首钢副总工程师苏显华担任工程总指挥，组成350人的工程技术施工队，于1997年深秋分批前往津巴布韦首都哈拉雷。异常艰巨的施工任务等待着首钢工程人员去攻克。

1993年3月至1997年深秋，津钢4号高炉已停产4年多，锈蚀严重，千疮百孔；需要更换和修复的设施包括上料系统、炉顶装料系统、炉体系统、出铁场堵渣机和开口机、炉渣系统、热风炉系统、粗煤气和煤气清洗系统、高炉鼓风机等。需要拆除1763吨钢结构，1461立方米钢筋混凝土，360台机电设备，68千米旧电缆，666吨耐火材料，1086米工艺管道。高炉修复工程有以下特点：工作量大而且投资受限，为控制成本，该工程不追求过多采用新技术、新设备，而选用可靠的技术和设备保证高炉修复质量和投产后取得良好技术经济指标；充分利用津钢旧有设备设施采取修复使用；增加的新设备、新材料包括钢材、耐火材料、电缆、机电材料全部使用中国产品，非标准设备均由首钢制造；充分利用当地工人费用低的条件，降低工程费用，除技术难度大的机电装、钢结构焊接、耐火砖衬砌筑由首钢工人施工外，其余工程由首钢技术人员指导当地工人施工；大型施工机械尽可能通过津巴布韦当地的中国公司租赁解决；津钢的操作工人须在中国接受培训后再上岗；工程中采用的新技术，如高炉炉喉增加煤气固定测温管和全液压煤气取样机，高炉炉腹以上采用冷却壁和软水循环冷却，炉底砖衬使用中国的自焙炭砖并增加软水循环冷却，炉腹、炉腰和炉身下部采用铝碳砖和半石墨化硅砖等新材料，增设料仓系统除尘装置，高炉和热风炉各部位的控制系统均采用计算机微机系统控制，以上这些都给工程增加了难度。

自改革开放以来，首钢作为跨行业、跨地区、跨所有制和跨国经营的大型企业集团，在欧美和东南亚等地执行过多项重大工程，积累了丰富的海外施工经验。为保证工程质量和工期，工程指挥部出台一整套管理制度。津钢工程在国内外有十几个单位共同交叉施工，且为实现单位与单位、国内与国外高效协作、步调一致，首钢制定了设备、材料、施工、质量、人事、财务、奖励、退税八项专业管理办法。在整个生产制造过程中，首钢在国内对选料、制造、检验、调试等各环节均严格把关，派人驻厂跟踪监督，组织技术质量联检；设备出厂前均须经过预装、试运行、通水、通风、通电等考验。其中，对关键设备采取提高质量等级措施。设备运输采取适于海、陆、空的包装，且实行逐级交货质量记录制度。此外，修复工程所需材料、设备共装集装箱440个，前后分5批散装船、9批空运技术资料，所有物品在运输中均未发生损坏、丢失或发错等问题，确保工程如期开展。

经过首钢工程技术人员的精密组织和精细管理，1999年5月26日，津钢4号高炉修复工程按计划提前5天竣工，达到开炉条件；同年7月17日正式投产。整个修复工程历时18个月，首钢工程人员共安装金属结构1335吨，设备2348吨，耐火砖砌筑及喷涂料4450吨，工艺管道15552米，电气管道52376米，通风管道2658米，电缆桥架9468米，各种灯具687套，采用新技术和新材料修复后的4号高炉有效容积为1500立方米。津钢4号高炉投产后运行稳定，日产生铁2000吨。

  首钢不仅修复了津钢的一座高炉，还把中津真诚合作的友谊种子播撒在非洲大地上。1999年8月2日，津钢隆重举行4号高炉竣工投产庆祝大会，时任总统穆加贝出席大会并发言，表达了津钢4号高炉修复工程是中津两国人民友好合作的象征，非常感谢首钢对津钢的鼎力帮助和杰出工作，更感谢中国政府和中国人民。

红色工业

第 9 章
CHAPTER NINE

# 钢铁魂——领导关怀

首钢因地处北京,更多地受到党和国家的关怀,也更多地体会到企业与国家血脉相连、休戚与共的关系。这种得天独厚的地域环境,造就首钢人的长子情怀,也培育出首钢人敢为人先的勇气。中华人民共和国成立之初的多位领导曾数次视察首钢,对北京工业的「长子」和首钢人倾注了深切关怀和期望;改革开放后,国家对首钢更加关注。与此同时,首钢历任掌门人亦是沥尽心血,带领首钢走过一个又一个非凡的年代和历史时刻。历任领导人的殷切关怀和首钢掌门人的殚智竭力,均极大地激发和鼓舞着首钢人爱党爱国的热情、拼搏进取的勇气与开拓创新的精神。

## 周恩来对首钢工人的深切关怀

周恩来曾多次视察石景山钢铁厂（首钢前身，1966年正式更名为首钢），对钢厂职工倾注了深切关怀和期望。1958年5月20日下午3时，石景山绿柳婆娑，莺啼鸟啭，山花烂漫；十里钢城机车穿梭，一派热火朝天的生产景象。周恩来轻车简从来视察石钢。周恩来详细询问钢厂的生产建设情况，并登上高炉，看望炼铁工人，看到工人在高温下挥汗如雨的劳动场景，感慨并赞扬了大家的劳动热情。之后，周恩来视察了烧结车间，看到工人劳动强度大，工作环境艰苦，指示厂领导要设法改进生产现场条件，关心职工健康，为工人提供牛奶和豆浆。随后，周恩来和石钢党委书记肖平乘车来到钢城北侧的铸造新村，特地来了解钢厂职工的生活情况。周恩来最先来到的是石钢职工学校教师李桂茹的家，李桂茹的母亲正在收拾房间，而李桂茹和爱人正好不在家，周恩来向李母了解他们一家人的收入和生活情况，关切地询问老人家在北京生活是否习惯等问题，叮嘱他们生活上遇到困难要向肖平反映，微笑着说："我们共产党打天下，就是为了让老百姓过好日子嘛！"

离开李桂茹家，周恩来来到铸造新村97号，铸造厂机械车间职工纽善福的家。周恩来的视线被桌上的夜校课本所吸引，聊天中他了解到纽善福在上夜校，当时正在学习詹天佑一课。周恩来翻阅着纽师傅的作业本，鼓励道："你的作业是5分，写得很好嘛！我们只有学好文化，才能当好主人！"纽师傅听到周恩来的夸奖，心里乐开花，向周恩来保证，"一定努力学习！"周恩来与纽师傅合影留念后，离开纽师傅家，继续乘车来到金顶街职工家属宿舍访问。

亲切关怀温暖人心，殷殷嘱托催人奋进。周恩来到钢厂职工家里串门儿的消息，像和煦的春风吹遍了十里钢城，家家户户都沉浸在幸福与喜悦中。周恩来来钢厂工人家里串门儿后一个多月，钢城先后发生了两件事：一是石钢职工学校的教师减少了坐班时间，精简了会议，校长发动学校教职员工提合理化建议，以减少教师批改作业量。二是石景山钢铁厂按照国家统一部署，开始第二次工资改革，取消工资分制，实行货币工资制；同时对工资等级制度进行改进，使熟练工、技术工和轻、重体力劳动之间的工资标准有合理差别。

## 朱德的钢铁情怀

钢铁是国防基石，朱德作为人民军队的主要领导之一，对新中国的钢铁工业始终怀有特殊感情。在中国众多的钢铁企业中，朱德去的最多的便是距离中南海较近的北京西郊石景山脚下的石钢。原冶金工业部资料显示，中华人民共和国成立后朱德曾50次视察全国各地钢铁企业，其中视察首钢14次。

1949年7月1日，石景山钢铁厂历经4个月紧锣密鼓的修复工程，召开庆祝大会，朱德出席大会，祝贺石钢取得的成绩，号召大家为全面恢复生产而奋斗，发展钢铁工业，为建设新中国做贡献。1951年年底，石钢胜利完成当年生产计划任务，厂委以全体职工名义致函朱德汇报工作。朱德看完来信开心地回复石钢职工，祝贺石钢提前并超额完成国家规定的生产任务；鼓励职工们继续学习钢铁生产方面的新技术，为石钢未来发展奠定稳固基础；叮嘱石钢的领导依靠工人阶级发展生产方针，以最快的速度完成国家建设石钢的计划；最后向石钢全体成员给予美好期许和良好祝愿。

1958年春，石钢实行"基建投资大包干"，打响扩大再生产战役，兴建三高炉、三焦炉、烧结厂三大工程*；上马电焊钢管厂和300小型轧钢车间。5月28日，朱德专程到石钢，为石钢扩建工程剪彩。其间，朱德了解到石钢没有自己的矿山，准备在河北迁安开发铁矿，并

* 1959年5月，石钢3号高炉（容积为963立方米）建成投产，与之相配套的3号焦炉和烧结厂，也相继建成投产。而且投资比当时同步规模的高炉和焦炉减少了25%左右。3号高炉的建成投产，使生铁能力提高了一倍多。3号焦炉的建成投产，使焦炭生产能力提高了一倍。烧结厂的建成投产，不仅淘汰了生产效率低、产品质量差、工人劳动强度大、环境恶劣的原始烧结锅，而且降低了烧结矿的成本，提高了高炉经济效果。

第9章 钢铁魂——领导关怀

听取石钢领导汇报建设矿山计划以及在北京搞大钢铁基地的扩建计划,并给予肯定和鼓励。朱德每次视察石钢,均轻车简从,避免给厂里添麻烦,经常不通知石钢领导,直接到一线考察。1958年9月1日,朱德到石钢视察烧结厂、三焦炉、三高炉等建设工地,对着平面布置图提出一连串问题,与厂领导探讨解决办法。当时正值国庆节前夕,工人为超额完成任务,想方设法克服困难;朱德赞扬了工人自力更生的精神,并在离开石钢时鼓励石钢领导:"加劲干,快点干吧!"此后,朱德数次视察石钢,对石钢的生产建设和未来发展给予深切关怀和厚望。

1972年年初,朱德在夫人康克清的陪同下来到首钢,这是他阔别石景山12年后再次来厂里,亦是他生命历程中最后一次视察首钢。耄耋之年的老元帅不要别人搀扶,拄着手杖在严寒中视察了一个厂又一个厂,转了一个车间又一个车间,勉励首钢加快发展,祝愿职工们身体健康。朱德的厚爱和关怀,激励着首钢人拼搏奋斗、砥砺前行。

## 邓小平在首钢讲"春天的故事"

1992年春,中国社会主义改革开放和现代化建设的总设计师邓小平,在中国东南沿海地区发表著名的"南方谈话"。同年5月22日,他来到北京石景山,视察正在推行工业承包制的首钢总公司。在夫人卓琳和女儿邓楠、邓榕的陪同下，邓小平乘车从首钢厂东门进入厂区，在月季园仿古牌坊前下车，时任北京市委书记李锡铭、市长陈希同和首钢党委书记周冠五等人前来迎接。邓小平走下汽车，微笑着向大家致意："我早就想来。"周冠五说："首钢职工早就盼着您来了！"

首钢领导在月季园迎宾厅向邓小平汇报首钢改革发展情况。当邓小平了解到，1978年首钢在改革之初，年产钢在全国八大钢厂中排名最后；改革之后，首钢发展特别快，年产量已排到前列。邓小平点头说："我赞成你们。"接着，他抬手指指自己的头说："主要是解放思想，换个脑筋就行了，脑筋不换哪，怎么也推不动，同样是忙忙碌碌，辛辛苦苦，可干起事来，慢慢腾腾，看不见新气象，脑筋一活，想的面就宽了，路子也就多了，就更好了。"邓小平讲的"换脑筋"，揭示了解放思想的重要性，指出改革的原动力。随后，他赞赏了首钢改革经验，肯定了首钢改革开放过程中取得的成绩，并意味深长地说："路啊，历来是明摆在那里的，是走得快，还是走得慢；是走得好，还是走得坏，那就看你走的路第一是对不对，方向对不对；第二是走得好不好。你们两条都走对了。"

邓小平在了解到国有企业还受到许多束缚之后，对首钢提出几点建议：一是解决搞活大中型企业问题，需要全面动起来，要改革，而且改革开放进行好、发展快的企业，在上缴利税、外汇收入、技术水平等方面，都能够用活生生的事实来证明改革的优

第9章 钢铁魂——领导关怀

越。二是不赞成把发展好的企业收得太苦，无论什么时候都要以不伤害发展事业的积极性为原则，以不减少职工收入为原则，不走卡紧的路，只能走放松的路，放水养鱼好。

当了解到大多数企业机动财力太少，立项比较难时，邓小平指出，主要问题是上层建筑的机制、结构的改革问题，解决该问题就要真正给企业权力。同时指出，要搞活企业，就得改革，解决人的问题，即解放人的思想。当首钢领导汇报说上面一些部门不肯下放权力时，邓小平建议首钢领导要有雄心壮志，勇于硬着头皮顶住改革和发展的压力，胆子要放大一些，包括这个顶，并指出顶有顶的方法，顶得不得力，方法不对，没有用处。

邓小平在谈到中国钢铁工业发展情况时讲道，日本企业界的一个老板曾告诉他，中国对钢的需求饱和点是1.1亿～1.2亿吨，可以保证国内建设需要；而当时国内钢产量是7000万吨，还差4000万吨，他指出我们没有理由不干。同时，当从同行人员那里了解到，进口钢材1000万吨要花费40亿美元时，邓小平建议首钢用这个钱自己干，用现在钢铁企业的基础，自己动手搞，会省很多。

随后，邓小平又询问了首钢产品出口情况，当听说首钢的产品及钢材出口几十个国家和地区时，老人家欣慰地称赞："出口大幅度增长，这个非常好。国际市场你能站得住，能够发展，无论穷国、富国，我们都有市场，这就可以放心了。"然后又说："没有通货膨胀危险，没有还不起债的危险，害怕什么？应该胆子大起来嘛！"

针对国有企业全面改革问题，邓小平与大家兴致勃勃谈论了一个小时。随后，又高高兴兴地坐车到炼铁厂4号高炉参观，在控制台附近，一边观看操作人员使用电子计算机控制高炉运行，一边听首钢职工详细介绍4号高炉采用新技术情况，邓小平对这里的高科技和现代化很欣慰。之后，他参观了首钢特重型机械加工车间和第二炼钢厂，在了解到第二炼钢厂的工厂设备和生产情况后，鼓励首钢虚心接受先进企业的经验，同时依靠自身能力干事业，遵循科技没有国界的现实，只要对国有企业发展有利，就抓住一切机会谋发展。

邓小平视察首钢后，首钢加快改革开放与发展步伐。1992年，首钢各项生产指标均创出历史最好水平，与前一年比，精矿粉、生铁、钢、钢材等产品产量均有大幅增长，销售收入增长37.85%，实现利润增长35.59%，出口创汇增长66.6%。同时，首钢在机械制造、航运业、电子行业、重点工程建设等方面均获得全面丰收；而且职工收入和福利待遇亦有进一步提高。

搞活大中型企业问题是改革的重点，亦是难点，更是改革的中心环节。邓小平视察南方之后视察首钢，其意义非同寻常。首钢作为中国大型国有企业改革试点单位，每次尝试都涉及国家政治体制改革和经济体制改革等宏观问题，其实质是对建设中国特色社会主义道路的有力探索。1992年春天的南风（暖风）吹向北方的首钢，那里开始上演大中型国有企业的改革故事，大地春潮翻滚，生机盎然。

红色工业

# 第 10 章
CHAPTER TEN

## 钢铁故事
## ——首钢"铁树钢花"

首钢能够取得辉煌的成就，离不开一代代首钢人的辛勤劳动，他们用满腔热情和勤劳的双手践行着首钢精神"敢闯敢坚持敢于苦干硬干，敢担当敢创新敢为天下先"，首钢成就了他们，他们也成就了首钢。

## 一家几代的首钢"铁树钢花"

在首钢，有一个常见现象，即一家几代人都在首钢工作，首钢养育了他们，他们也把青春和人生献给了首钢。

杨华楼的祖父辈就开始在石景山制铁所工作，包括其子女，一家四代首钢人。杨德顺是杨华楼祖父，祖籍河北省沧州盐山县，他是沧州机务段一名维修钳工。七七事变后，日本侵占北平，由于交通被破坏，工人失业，杨德顺来到石景山制铁所制罐厂工作。杨金生是杨华楼的父亲，原为河北省磁县的一名车工，后因日本飞机狂轰滥炸，颠沛流离至北平石景山，成为石景山制铁所修缮厂的一名车工。杨金生有两个儿子，长子杨华廷，次子杨华楼，均在石景山制铁所工作。1945年8月15日，日本政府宣布无条件投降，中日战争结束。国民党接收石景山制铁所，虽然花费千百亿元修葺房屋，但出工不出料，宣布所有职工停薪留职，自谋生活。1947年，听说河北老家（属于解放区）实行土地改革，分房子和土地，因此杨金生带着杨华廷和家人回到河北老家，而杨华楼留在北平城里，靠买卖和走街串巷磨剪子为生，直到石景山钢铁厂重新开工，父子三人先后应召回到石景山钢铁厂工作。1950

年，杨华楼荣获修理厂劳动模范称号；1952年，荣获石景山钢铁厂和北京市劳动模范称号；1953年，被提升为金属切削工段长，后又被提升为加工车间工段长。杨华楼有五个儿女。他的大女婿是首钢的修理工，二儿媳妇在首钢安全处工作，二女婿在首钢预制品工作，小儿子杨国强亦是首钢工人。

姚景春一家是典型的三代首钢人。姚景春于1910年出生在（今）北京市门头沟区城庄子村，祖辈务农。姚景春成为首钢人得益于对门邻居韩华廷的介绍。韩华廷是门（头沟）斋（堂）私人铁路上的一名钳工，他见姚景春没有工作，就介绍他到自己单位来上班。但当时的姚景春年轻气盛，选择考入宋哲元将军领导的国民党第二十九军修械所，随大部队转战南北。直到1949年，姚景春回到故乡，再次经韩华廷介绍，到石景山钢铁厂铸造厂上班，维护一台空气压缩机，才算结束漂泊生活，稳定下来。而后，姚景春开始带徒弟，因劳动出色，连续三年被评为"北京市劳动模范"。

姚景春的两个儿子姚光普和姚光照均是首钢人。长子姚光普，1928年生，1952年到石景山钢铁厂参加工作，起先在房管所，因懂无线电，后调至首钢电子部。姚光普的独生子，姚长安于1969年亦成为一名首钢机械厂铸造车间工人。姚景春的次子姚光照，1931年生，1951年到石景山钢铁厂做学徒，后在焦化厂回收车间煤气循环风机系统工作。姚光照有五个儿女，长子姚永安，是首钢机械厂的一名翻砂工，大儿媳是首钢第二炼钢厂工人；大女儿姚平安的丈夫在首钢运输部工作。

张新国，1963年生，典型的"钢二代"，曾获全国劳动模范、北京市优秀共产党员等国家、省市级荣誉称号；其父亲张小锁是首钢炼钢试验厂工人；哥哥、姐姐、姐夫、爱人均为首钢人，他自己讲："首钢养育了我们全家，我们也把青春献给了首钢"。

张新国小时候听到父亲说的最多的话就是："你看人家谁谁谁，技术水平最高，废品最少，能给国家节约多少资源？！你看那谁谁谁，手艺就是好，能给国家多炼多少钢？！"张新国耳濡目染从小就对钢铁厂产生了深厚感情。同时，陪伴他成长的还有一个写着"石景山钢铁厂劳动模范"的金光闪闪的奖章，这是他小时候从父亲那里抢到的，虽然后来奖章别针都掉了，但奖章上的钢包、钢花，依然擦得铮亮。

1982年，19岁的张新国接父亲的班，进入首钢炼钢试验厂。单位领导心疼他，给他安排了全厂最轻闲的活儿——司炉工。通俗讲，就是烧锅炉，给澡堂烧热水。虽然工作清闲，但他不想因为父亲而受到这份特殊照顾，经过一番软磨硬泡，他终于成为一名炼钢炉前工。炉前工是全车间最辛苦的岗位，大家都不愿意干。但在这个最辛苦的岗位，张新国一干就是10年，看水工、料口工、二助手、一助手等这些细分工种他都做过。炼钢不仅要用力，更要用心。用张新国的话来说，伺候炉子比伺候儿子还要上心。自1983年起，张新国连续八年被评为"首钢双文明先进工作者"，连续四年获得"首钢四化尖兵"荣誉称号。此后，张新国还获得了"北京市青年岗位能手""北京市优秀共产党员""首都劳动奖章""全国劳动模范"等30余项荣誉。

1992年，首钢在试验厂旁边建成第三炼钢厂，试验厂停产拆除。29岁的张新国和工友们在炼完试验厂的最后一炉钢后，直接转到第三炼钢厂继续生产。21世纪初，首都为举办奥运会创造蓝天，首钢进行调整搬迁至河北曹妃甸。2008年年初，张新国所在的第三炼钢厂率先停产搬迁。最后一天上班，父亲提前把张新国叫醒，嘱咐他"早点去，做好准备，别误了事，别给组织添麻烦"，听着父亲的话，张新国眼泪止不住地往外流。张新国的父亲在钢城住了将近60年，在他奉献了一生的厂子要停产之际，这个

△ 全国劳动模范、首钢京唐公司炼钢工张新国（首钢提供）

老首钢人仍然在用自己的方式，默默表达着他对这份工作的热爱。

2008年6月19日，张新国在炼钢一线摸爬滚打26年后，主动请缨到曹妃甸工作，并讲出豪情壮语："我要亲手炼出曹妃甸的第一炉钢，为实现党中央国务院提出的'四个一流'目标做贡献。"7月31日，张新国在曹妃甸代表首钢京唐公司参加奥运火炬传递。2009年，在新钢厂开炉试车阶段，张新国和炼钢部同事们一个多月没有回家。2009年3月13日13时16分，是一个激动人心的时刻，11.3米炼钢炉前平台上，时任炼钢部副部长魏钢做了简短动情的讲话后，宣布："点火！"；京唐公司副总经理、时任炼钢作业部部长杨春政点燃主火炬，时任炼钢区副主任李金柱、全国劳模张新国、炼钢工徐瑞杰等8名火炬手从杨部长手中引燃火炬，点燃2号脱碳转炉炉膛。21时55分，"开炉队"队长王建斌果断地一挥手："出钢！"当张新国听到从实验室传来振奋人心的消息"所有数据都达标，我们炼出了精品钢"时，流下激动的泪水，他立刻给父亲打电话："爸，炼成了！"80岁的老父亲在电话那头，用颤抖的声音对张新国母亲说："老伴儿，炼成了！炼成了！"他们一家用最朴实的语言阐释着对首钢的热爱，诠释着老首钢人的精神。

在曹妃甸新首钢，张新国还有一个很有名的茶室，大家都称之为"劳模茶室"。这间茶室不仅是职工们放松心情、舒心解压的圣地，也是头脑风暴、攻关创新的"战地"。课题攻关、技术创新……炼钢脱磷扒渣最佳操作法等一系列技术创新就在小小的茶室里诞生。2014 年，时任北京市委副书记、市长王安顺也来到过"劳模茶室"，与张新国一起交流技术创新。2019 年 1 月 10 日，炼钢作业部授予张新国"终身贡献奖"。10 年来，张新国等炼钢元老带领大家不仅实现了首钢京唐钢铁联合有限责任公司"全三脱"常态化生产，而且先后攻克了干法除尘、少渣冶炼、少渣护炉、氧枪改造、"一键式"自动炼钢等十几项技术难题，进行了 10 多项设备升级改造，使得炼钢技术取得了重大突破。张新国不仅自己做出了突出贡献，而且注重发挥传帮带的作用，劳模茶室很快有了接班人，每周都有一名炼钢部领导到茶室和大家聊聊家常、谈谈工作。

◎知识链接

"一键式"自动炼钢技术是一种先进的转炉冶炼控制技术，该技术集理论计算、专家经验和先进的在线监测手段于一体，采用计算机 L1 模型和 PLC 控制转炉吹炼操作，可显著提高转炉终点碳、温度双命中率，缩短冶炼周期、提高生产效率，降低原材料消耗和生产成本，实现可观的经济效益。

这份沉甸甸的"首钢精神"势必将会创造出更加绚丽的钢花，照亮前路、照亮未来。

## 人是清风肉是泥

程德贵，出生于 1932 年，一位名副其实的首钢老高炉。1954 年和 1955 年，先后被北京市政府授予劳动模范称号。1958 年，被授予全国先进生产者称号。

程德贵的爷爷祖籍天津，早年为谋生，辗转到北京丰台长辛店修铁路，开始扎根北京。程德贵的父亲程克明，曾为北京第二机车厂白铁匠技师，参加过著名的"二七"大罢工，育有四子。后因家遭变故，程德贵的哥哥客死日本，母亲变卖家产，带着二儿子程德贵、三儿子程德惠，四儿子程德水逃荒至张家口宣化。而后，程德水被国民党抓去充军，客死途中。

1939年，程德贵和弟弟程德惠随母亲回到北京。程德贵成为石景山钢铁厂的一名铸管翻砂工，程德惠成为石景山钢铁厂皮带上料工。此时，石景山钢铁厂为日占时期，共有11座小高炉，只能炼铁不能炼钢。1942—1943年，石钢又从日本运来高炉设备，因设备简陋，加上工人不懂炼铁技术，事故频出，死伤人员特别多。1945年8月，日本战败投降，石钢的日本人撤走，国民党接收石钢，并解散工人，程德贵和程德惠为维持生计，被迫到门头沟拉煤。1949年，中华人民共和国成立，石钢恢复生产，程德贵兄弟二人从门头沟回到工厂工作，生活稳定下来。

自1951年起，程德贵到首钢生活和工作，在首钢5号高炉工作了一辈子，是一位名副其实的老高炉。1952年，他加入中国共产党。在高炉工作期间，程德贵先后改进了热风炉燃烧口活动分布筒、焦炉煤气调节阀、总风管加备用截门等，提高并稳定高炉风温和风压。在他的主持下，总结和推广焦炉煤气新的操作方法，并制定出分工专责制和紧急停电停风分工责任制等，大力提高全班操作技术，强化管理，创出生产新水平。

程德贵有五个儿子，除长子程铁柱（1947年生）在北京市电话局工作，三儿子程铁华（1955年生）在北京市协和医院工作外，其余三个儿子都是首钢人。次子程铁梁（1951年生）先到陕北插队，后当兵，复员后成为首钢安装公司一名电焊工。四儿子程国庆（1959年生），首钢第三钢厂的行政人员，程国庆的爱人在首钢特刚服务公司工作，其岳父服务于首钢特钢公司。五儿子程胜利（1962年生）在首钢第二炼钢厂工作。程德贵在首钢的爱徒有很多，曾任首钢副总工程师的刘正武，曾任首钢焦化厂技术员的李德录，曾在首钢炼铁厂工作、后任北京市冶金局总工程师的谭志忠，曾任首钢迁钢炼铁厂办公室主任的李天印，他们都为首钢的发展做出了贡献。

程德贵与高炉的感情非常深厚，这是他奉献了全部青春和心血的地方。程德贵一到石景山钢铁厂就在高炉工作，一干就是一辈子。他在患病的日子里，身体不好，行动不便，却还时不时戴上工作帽，戴上白手套，把几十年前的炉前操作技术表演给儿子们看。去世前的几个月，他在昏迷中还想着工作岗位，不断地高喊："换炉！不行，必须得换炉！不行，我得去看看热风炉！"5号高炉停产前，程德贵在儿子程国庆的陪伴下来到5号高炉前看最后一眼，并在徒弟李天印的搀扶下绕高炉转了数圈，依依不舍地与高炉做最后告别。

2004年10月9日，程德贵逝世，享年82岁。他生前最爱说："人是清风肉是泥！"这是他对人生的自我诠释。他的墓碑很小，隐埋于北京西山骨灰林，上书："程德贵，生于1923年，享年八十二岁。"短短十六字并未提及他对首钢的任何贡献，数代人过后，也许新生代首钢人不再记得他，但他默默无闻的奉献将留在首钢发展史册上。

## 炼铁厂"粮草先行官"的转身

郭晓民，1971年出生于北京密云；1987—1991年就读于今北方工业大学，冶金专业。毕业后分配到首钢炼钢试验厂工作，在试验厂实习3个月。此后，郭晓民先后在首钢第三炼钢厂、首钢炼铁厂宣传部工作。2001年7月—2005年1月，任原料供料中心党支部书记，成为首钢炼铁厂的"粮草先行官"。因1994年首钢形成800万吨钢铁厂，日需2000万吨原燃料，而当时首钢焦化厂和烧结厂都只能提供50%的原料，其他各50%均要购买，且对焦炭要求高，来源杂，所以当时首钢原料系统特别庞大，但厂区面积小，为供应5座高炉生产，密密麻麻的供料皮带共180条，总长20多千米。郭晓民为提高工人工作效率和改善生产、生活环境，组织编写了《首钢炼铁厂供料中心职工管理、培训手册》；对

△ 首钢炼铁厂供料中心职工管理、培训手册（郭晓民提供）

员工进行整合工作，由原来的600人精简为400人；改造洗澡堂和卫生间；成立足球队，建室内篮球场馆，举办车间文体活动，充实工人们的业余生活。2005年1月—2018年5月，郭晓民先后在首钢炼铁厂党群工作部京唐公司制造部、首钢集团计财部、系统优化部任职。

为迎接2022年冬奥会，2018年5月，首钢集团对郭晓民委以重任，派他负责筹建北京首钢园运动中心。郭晓民走马上任，时间紧，任务重，只能一边筹建公司一边接受国家队的"验收"工作。按照冬奥会的筹备进程要求，国家队于2018年6月22日进驻首钢园区。为迎接国家队，6月21日，首钢园运动中心制完第一块冰，次日国家队花样滑冰便进驻首钢园区，开始上冰训练；6月23日，短跑道速度滑冰队进驻首钢园区；7月，冰壶队进驻首钢园区；9月，首钢运动中心建成冰球馆，开始筹备"中芬冬季运动年"，并于12月筹建完成。事实上，首钢园运动中心有限公司在为国家队服务1个月后才注册成功。2018年年底，郭晓民荣获首钢劳动模范。曾因在首钢炼铁厂原料供料中心筹建足球队和篮球场的机缘，以及个人对体育运动的业

△ 郭晓民——首钢劳动模范证书

余爱好，12年后，郭晓民由原来的"粮草先行官"转身投入首钢园运动中心建设。服务首钢的同时，亦为国家冬奥会做出贡献。

首钢之所以伟大，不仅在于培养了许多劳模，更在于一代又一代普通工人的辛勤劳作，谱写着首钢筚路蓝缕创业、改革创新发展的历程。劳模之所以在平凡的岗位做出不平凡的成就，既离不开自己的努力，也离不开家庭的熏陶，他们是工作生活中的先锋和排头兵，更是时代的引领者。张新国等老首钢人退休了，同时，更多的年轻骨干已经成长起来。在首钢，不仅有从同学到同事，再到亲如兄弟的终生友谊，也有由父到子、由师到徒的代代传承。这些都是首钢百年生生不息的力量之源。他们身上所体现的是忠诚，是感恩，是激情，更是我们一直在说的"首钢精神"。

红色工业

第 11 章
CHAPTER ELEVEN

# 钢铁巨擘
## ——首钢工程师

中华人民共和国成立以来，尤其是改革开放以后，首钢一代代干部、工程师、一线工人解放思想、艰苦创业，把历经沧桑、饱受磨难的小铁矿，发展成为以钢铁业为主，兼营矿业、机械、电子、建筑、航运、金融和海外贸易，跨地区、跨行业、跨所有制和跨国经营的大型企业集团，不仅展现出首钢领导层的高瞻远瞩、胸怀大略；而且浸透着每位钢铁巨擘——首钢工程师们的心血，闪耀着他们锐意进取、开拓创新的智慧光芒。

## 钢铁巨擘：安朝俊

中国钢铁工业史上，有一位杰出的钢铁冶金专家，他的人生足迹，贯穿中国近现代民族钢铁工业从小到大、从落后到崛起的发展历程；作为中国著名钢铁专家，他曾远赴美国学习，赴苏联和捷克斯洛伐克考察国外先进技术。他为推动首钢技术进步和我国冶金技术攀登世界高峰做出卓越贡献。作为爱国知识分子，他在首钢的工作和生活受到周恩来的亲切关怀。他就是首钢公司原总工程师兼生产副经理——安朝俊，一位讲民主、讲科学，为人正直、朴实，对新事物敏感，极其有才能的钢铁专家。

安朝俊，1911年生，河北省唐县人。1936年毕业于北洋大学矿冶系，留校任助教一年。1937—1938年，担任汉口六河沟炼铁厂高炉值班工程师。1938—1941年，担任重庆国民政府经济部矿冶研究所技佐\*，在此期间于1939年主持陵江炼铁厂（矿冶研究所的炼铁试验

\* 清末民国时期，政府设置技监、技正、技佐、技士4个官职于内政、交通、实业、铁道等部门。技监，官名，承长官之命，办理技术事务，并指挥监督所属技术官，下有技正、技佐、技士。技正，官名，掌管技术事务，以有专门技术者担任。技佐，官名，掌管技术的人员，位于技监、技正之下，技士之上。

厂）的筹建和生产工作。1942—1944年，受国民政府资源委员会的选派，前往美国学习；1945—1946年，担任资渝钢铁厂炼铁厂工程师；1946年来到石景山钢铁厂工作，1951年起任石钢副厂长兼总工程师，1955年12月14日加入中国共产党，1983—1985年任首钢（技术）顾问，1987年离休；1993年8月31日于北京逝世。其中，1979—1985年，安朝俊当选为北京市第七、第八届人民代表大会常务委员会副主任；此外，他还是第二、第三届全国人民代表大会代表，第五届全国政治协商会议特邀委员，北京市第五次党代会代表，第一、第二、第七、第八届北京市人大代表，市人民委员会委员。

△ 安朝俊（首钢提供）

战争年代，因急需铸造铁，1939年，安朝俊参加筹建重庆陵江炼铁厂（矿冶研究所的炼铁试验厂），并担任代理厂长和工程师；1941年春，成功冶炼出大后方急需的灰口铸铁，被誉为"青年炼铁专家"。1942年，国民政府资源委员会从各厂选派有一定工作能力并做出一定工作成绩的技术干部31人，到美国工厂学习技术和管理经验，安朝俊便是其中之一。在美国学习的两年时间里，他先后在美国共和国钢铁公司所属的伯明翰盖斯顿钢铁厂、美国钢铁公司匹兹堡地区的埃格汤姆逊钢铁厂及美国钢铁公司所属的霍姆斯台德厂，学习炼铁生产的全部工艺流程及高炉中修、大修等操作。根据他个人在美国学习经历及回国后几十年的工作实践，安朝俊曾在回忆录中讲道，"我国由于种种原因，在科学技术上落后于发达的工业国家；其中闭关锁国使我们吃了不少亏。所以在自力更生的基础上，学习外国的先进技术是完全必要的，但要讲求一个学习方法和学习效果问题。"他还指出："出国人员的选派，应该是有针对性的，要派那些有业务专长、有业务成绩、更要有爱国主义思想的人出去。总之，派往国外人员，要注重质量而不强求数量。"

1946年9月，安朝俊从美国学成归来，到石景山钢铁厂工作，自1951年起担任炼铁厂厂长兼总工程师。20世纪50年代初期，安朝俊积极采纳苏联专家建议，克服缺乏机械设备的困难，在石钢建立起中国钢铁工业第一座矿石平铺切装混匀料场；1955年，石钢1号高炉大修时，他组织工程技术人员将固定式炉顶改成转动的马基式，这是继鞍钢 3 号高炉之后，中国第二座马基式炉顶；在炉顶生产及大修过程中，他充分利用在美国所学技术，和广大职工一起，为改变国内落后炼铁技术，发挥重要作用。

1958 年 9 月，石钢第一座 3 吨空气侧吹碱性小转炉建成投产，结束石钢有铁无钢的历史。此时，安朝俊看准氧气顶吹转炉新技术，向冶金部提出在石钢进行氧气顶吹转炉技术试验申请，并组织首钢钢铁研究所编译氧气顶吹转炉技术资料发放给大家，以科学严谨的论据说服上级主管部门。1962 年，这项技术开始在首钢 3 吨小转炉上进行工业试验，并很快取得成功。1964 年 12 月 24 日，中国第一座氧气顶吹转炉炼钢厂在石钢建成投产，30 吨氧气顶吹转炉成功炼出第一炉钢水。他作为首钢主要技术负责人，对推动石钢技术进步和发展起到重要作用。

20 世纪 60 年代，世界各国为节约焦炭，降低生产成本，开始研究高炉喷吹附加燃料技术。当时国外采用的高炉喷吹附加燃料主要有重油、天然气和煤粉，而我国在此方面还是空白。1963 年，冶金部召集有关部门和专家研究高炉喷吹附加燃料工艺，安朝俊从当时我国国情出发，提出采用无烟煤作为喷吹附加燃料的建议，被冶金部采纳，并批准在石钢进行试验。1964 年 4 月 30 日，安朝俊主持研制的石钢 1 号高炉喷吹煤粉装置一次试车成功，成为继美国阿姆考公司、苏联顿涅茨公司之后世界上第三家拥有该项先进技术的企业，这是中国钢铁工业发展史上的一个里程碑。

高炉喷吹煤粉技术是炼铁工艺的一次革命，在全国钢铁行业推广其创造的效益非常惊人；高炉每喷吹 1 吨煤粉，即可节省 800 千克焦炭；而这些焦炭需 2 吨原煤方可炼成，每冶炼 1 亿吨铁至少可节约炼焦原煤 1000 多万吨。在煤资源日益减少、提倡可持续发展的今天，此项技术具有极重要的、深远的经济价值和战略意义。

20 世纪 80 年代初，安朝俊应邀撰写《总工程师如何工作》，讲述他在组织、规划、推动工厂技术改造方面的经验。此外，他经常公开讲，自己绝不是什么都懂，即使是熟悉的事物也在不断发展；科学的基本知识并不难懂，先进技术的原理也容易明白，但要把它应用于生产过程，转化为现实生产力，就必须发挥多专业的技术人员和工人的创造力和协作精神。因而凡是较重大的技术革新、改造、挖潜和建设工程，他总要组织有关专业技术人员和熟悉这方面情况的基层干部、工程技术人员讨论，由此锻炼、培养出一批专业技术人才。

1983 年，安朝俊组织首钢部分技术人员总结首钢炼铁经验，著成《高炉生产（首钢三十年）》，由首钢内部出版；1987 年离休后，他撰写回忆录《高炉工作五十年》，于 1992 年公开出版发行。在回忆录中，他谈到自己任职首钢期间，未能组织研究、改进顶燃式热风炉，使这项中国创造的技术未能得到应有发展；他为此感到遗憾和内疚。1993 年 8 月 31 日，为中国钢铁工业技术进步而奋斗半个世纪的钢铁巨擘——安朝俊，带着对首钢的牵挂和遗憾走完壮丽的人生路程，享年 82 岁。

## 谈判高手：高伯聪

20世纪80年代，首钢将目光投向国际市场，引进国外设备，扩建炼钢设施。在当时首钢购买国外钢厂的国际交易案中，有一位眼光深远、沉稳冷静、谋略与胆识并举的谈判高手。他正是时任首钢副董事长、总工程师的高伯聪。

高伯聪，1928年4月生，江苏常州人。1948年毕业于贵州大学矿冶系，但对钢铁冶炼情有独钟。毕业后，他婉拒了系主任想留他任助教的职务，于1948年9月到石景山钢铁厂工作。1949—1952年，担任石钢铸造厂工长、工场长、生产副厂长；1952年加

△ 高伯聪（首钢提供）

入中国共产党。1953—1958 年，任石钢生产技术科副科长、科长；自 1958 年石钢改为公司后，至 1966 年上半年，先后担任生产技术处、技术处、计划处、经济管理处处长；1978—1988 年，先后担任首钢副总工程师、总工程师、生产副经理、党委副书记、董事等职；1988 年 11 月离休。曾任中共北京市第五届委员会委员，中国金属学会、北京金属学会、中国企业管理协会理事，北京能源协会副理事长，国家自然科学基金会专家、首钢发展战略咨询委员会委员。

1953 年 1 月，高伯聪调至石钢总厂生产技术部门，时任石钢和之后首钢的第一任总工程师兼生产副经理的安朝俊是高伯聪的直接领导；1978 年之后，高伯聪担任副总工程师、代总工程师，之后逐步接替安朝俊的工作，担任首钢第二任总工程师、副总经理，后又被任命为常务党委副书记。

改革开放后，英国钢铁界代表团到首钢考察，当他们看到烧煤冒烟的火车头时很兴奋，因为在英国已看不到这样的生产场景。其中一位英国专家无心讲道："来你们这里真有意思，像个博物馆，书上念到的、现在我们国家没有了的东西，你们这里就有。"听闻此言，首钢领导下定决心，要把首钢建成"现代化、公园化"的钢铁联合企业，首先从建造一座具有国际先进水平的新 2 号高炉开始。关于"现代化"，首钢决定集中所有折旧和大修理基金，以移地大修名义，把新 2 号高炉建成具有国际先进水平的高炉。

在当时没有条件引进国外任何新技术的情况下，高伯聪组织和带领首钢工程技术人员完全依靠自己的力量，出设计、造设备，同时把相应环保项目建设考虑进去。高伯聪怀着"过河卒子，义无反顾"的决心，坚持带领首钢工程技术人员建设新2号高炉；周冠五亦全力支持高伯聪在一线的指挥工作；在新2号高炉投产前后的一个多月，高伯聪每天顶多睡4~5个小时。经过首钢人奋发努力，1979年12月15日，一座具有国际先进水平的新2号高炉在首钢顺利投产。当时，发明无料钟炉顶的卢森堡阿尔贝特集团的莱吉尔专家，看到新2号高炉的无料钟炉顶后讲道："全世界几十座无料钟炉顶的高炉，都是买我们的技术，唯独首钢是自己开发的。"他们对高伯聪的团队给予高度肯定和赞誉。

20世纪80年代，首钢购买国外技术与设备，扩大生产发展。1985年1月，首钢副董事长、总工程师高伯聪，主持谈判购买比利时塞兰钢厂和瓦尔费尔厂高速线轧机之事。这是一场跌宕起伏、复杂多变的谈判，亦是首钢最艰苦但最成功的谈判！

由于首钢与比利时科克里尔公司买卖双方相互了解不够，影响到购买谈判进程。1984年12月中旬，首钢派往比利时谈判签订购买轧机合同附件的代表组带着未签订的合同附件回国。打乱了首钢原定签订轧机合同附件后，就立即启动购置比利时塞兰钢厂的计划。突遇此情况，高伯聪想尽办法、多方打听比利时方公司的动向。1985年1月上旬，高伯聪得知科克里尔公司准备把轧机卖给美国浪公司，而浪公司又要以更高的价格拆成两套（一套两线），售与中国唐钢和另一家钢铁公司。当时，恰逢唐钢总经理曹明在京办事，高伯聪紧急约见曹明。双方互通有无，曹明告诉高伯聪："大家都知道首钢签了合同，怎么可以拆自家人台？"唐钢已谢绝浪公司。高伯聪立即向周冠五汇报，首钢领导层决定全力挽救谈判局面。

他们首先在国内做好准备工作：一是向国家经济贸易委员会汇报上述情况，争取支持；二是向国家计划委员会说明情况，请该局在首钢用人民币拆汇支付高速线材轧机费用和将要购置比利时塞兰钢厂时给予方便；三是请冶金部有关部门电传瑞典衣派斯可公司，嘱咐其做好合同工作；四是以首钢董事长周冠五的名义，致电科克里尔董事长和主管贸易包括二手设备的副总经理范奈斯脱先生，通知他们首钢即将派人恢复谈判；五是周冠五采纳高伯聪的一个特殊建议，即邀请比利时驻中国大使范洛克到首钢参观。1986年1月16日，范洛克大使一行参观首钢生产现场，进行座谈，整个过程充满热情、友好、合作气氛。范洛克大使认为首钢与科克里尔公司的合作不仅是两个公司之间的事，也是两国政府之间的事。当他得知高伯聪将作为首钢的全权代表到比利时继续谈判，且有权签订合同时，立即决定发电通知并要求比利时方一定要把合同执行好；此外，还建议当年4月比利时首相访华时，中国外交部安排比利时首相到首钢参观。

国内工作做好后，1985年1月18日，高伯聪一行三人前往比利时，全力展开收购轧机和塞兰钢厂的谈判工作。经过第一天和第二天共长达15个小时的谈判，双方终于决定签字。然而，等第三天高伯聪等人赶到谈判会场时，对方主谈判范奈斯脱却说："今天不能签字，必须和塞兰钢厂合同一起签，否则不能签。"高伯聪立即会见科克里尔公司副董事长，意想不到的是他们已和另一家公司谈判，准备把设备卖给其他公司，不仅价格更好，而且已拟定合同，但尚未最后签字。高伯聪义正词严指出他们的行为不符合国际惯例，存在"欺诈"行为；但是，为表示首钢的诚意和友好合作愿望，同意开始谈判购买比利时塞兰钢厂一事，但期限不定，需看双方谈判的诚意和进度。

谈判处境极为被动，高伯聪与周冠五通电话，提出对购买塞兰钢厂定出价格底线，以便见机行事；后来的谈判证明，这一决定非常有必要，大大提高了高伯聪等人在谈判中的灵活性和主动性。同时，高伯聪及时与中国驻比利时大使馆取得联系，寻求帮助。时任中国驻比利时大使章曙决定，立即由谢参赞直接与比利时经济部总司长联系，并以大使名义进行沟通协商，比利时经济部总司长知道中国大使态度后，立即答应进行干预。在接下来进行收购塞兰钢厂的谈判中，双方开始拉锯式较量。关于收购价格，范奈斯脱认为，他的价格在二层楼，高伯聪的价格在地下室，无法进行谈判。高伯聪则机智回应，请对方下楼，自己也可以上楼，双方总能碰在一起。这样的拉锯战艰难推进两天后,高伯聪得知,科克里尔钢铁公司已和美国浪公司草签轧机合同,并已开好不可撤销的信用证放在律师事务所,且约定,如果到1月31日中午12时,科克里尔钢铁公司还没有与首钢签订正式合同,他们的合同当即生效。该信息使高伯聪等人再次陷入被动局面。

高伯聪当即向中国驻比利时大使馆相关负责人汇报上述情况,同时以个人名义发电给比利时驻中国大使范洛克说明情况,请他帮助。在两国大使的鼎力帮助下,首钢与科克里尔公司的谈判终于步入正轨。1985年1月31日清晨,周冠五致电称,首钢党委常委会已同意立即签订合同。下午6点,开始签字,两个合同文本叠在一起,近乎1尺\*高,双方足足签了一个半小时。1985年1月31日下午7点30分,首钢用优惠的价格拿到塞兰钢厂和瓦尔费尔厂的高速线材轧机厂。

\* 1尺≈33.33厘米

1988年,高伯聪离休,但首钢的每一步发展仍牵动着他的心。正如他所言:"如果从我20岁来到石景山下的钢铁厂算起,至今(2008年)已经整整60年了……石景山是我的第二故乡,首钢是我一生工作的地方,是我生命中不可或缺的部分。"当他得知首钢搬迁,石景山脚下将恢复宁静时,内心十分伤感。同时,他也坚信国家做出首钢搬迁至渤海之滨的曹妃甸新阵地的决策是合理的,首钢未来是值得期待的,新时代首钢人定会创造更加辉煌的新首钢。

红色工业

第 12 章
CHAPTER TWELVE

首钢掌门人——运筹帷幄
决胜千里

首钢，一个胸怀国家的钢铁企业；首钢掌门人，一个个勇于担当的钢铁人；首钢历任掌门人对首钢殚智竭力、沥尽心血，带领首钢走过一个又一个非凡的年代和历史时刻。让我们走近这一代代『钢铁侠』，领略他们的运筹帷幄、高瞻远瞩、决胜千里的睿智和风采。

## 周冠五：运筹帷幄的钢铁业领军人

周冠五，曾用名李均，1918年2月生，山东金乡人；1937年加入中国共产党。中华人民共和国成立后，历任石景山钢铁厂副厂长、厂长，石景山钢铁公司经理，冶金工业部副部长兼首都钢铁公司党委书记，首都钢铁公司党委书记、董事长；党的八大、十大、十二大代表，第六届全国人大代表。2007年4月逝世，享年89岁。

△ 周冠五（首钢提供）

1950年年初，周冠五时任解放军二野某军分区的副参谋长，作为解放军第一批转业到经济建设的团以上领导干部，自愿来到石景山钢铁厂。从此，这位在战争中指挥军队，消耗钢铁的人，变成了生产钢铁的人。此后的40多年，周冠五的人生与首钢同行，他再也没有离开过。这里对他来讲是一个陌生而又全新的世界，为了尽快胜任工作，他请工程师讲技术，从冶炼的物理化学"ABC"学起；拜老工人为师，风雨无阻地到钢铁学院听课；高炉大修时，在高炉考察，潜心学习琢磨……功夫不负有心人，周冠五终于由外行变成一位生产管理专家。周冠五在首钢的岁月，是自己人生的历练，亦是首钢锤炼之路。20世纪50年代后期，他担任石钢厂长时，主持焦化厂、烧结厂等三大工程建设"投资包干"的新办法，取得投资少、进度快、工程优的成功经验。"文化大革命"结束后，他重新担任首钢总经理，开始重展运筹帷幄的才华；借着改革开放的春风，带领首钢走向全新的天地。

在首钢改革之前，有一个广为流传的说法：周冠五虽然管理着20万名职工，却没有权力签字改造一个厕所。这并非个例，在没有扩大自主经营权之前，全国各地的厂长实际上仅相当于一个车间主任，企业的生产销售都是国家计划好的，"就算盖一个厕所，也要国家的计划中有专项使用资金，才能去盖。"

改革开放后，周冠五作为首钢第一位掌门人，通过"承包制"和大规模并购成为中国企业改革先锋。1979年，在他的争取下，首钢被定为改革开放后首批"利润留成",即企业改革的试点单位。由此,首钢走上快速发展道路。他创造的首钢承包制"包死基数,确保上缴,超包全留,欠收[*]自负",曾对国有企业改革提供了重要示范作用,拉开国企承包制改革的序幕。1988 年,他被评为全国首届 20 名优秀企业家之一;1989 年 9 月,又被评为全国劳动模范。

[*] 现为歉收。

改革的最终目的是解放社会生产力。周冠五倡导组织实行的首钢式承包制,最大特点是让广大群众当家做主,充分发动和依靠群众,并科学地组织好群众自己创造;首钢承包制,绝不是厂长、经理等少数人的承包,而是上万名职工分层次的全员承包。在全员承包中,首钢摆正国家、企业和职工个人的利益关系,使企业成为三者利益紧密结合的"命运共同体",成为 10 多万人严密协调的联合劳动整体。改革后的前三年,首钢利润净额年均增长 45%,上缴国家利润年均增长 34%;1989 年,首钢利润年均增长依然保持 13.5%,是当时全球钢铁公司年均利润增长率的 2.4 倍。

首钢改革之路,绝不是平坦的。面临众多非议非难甚至公开指责,周冠五讲,"首钢是国家改革棋盘上的过河卒,只能进,不能退。"他以坚持真理的求实精神和坚忍不拔的勇气,带领大家顶着巨大的压力和风险,创造了搞活国营大企业、生机勃勃地发展生产力的许多好经验。同时,他的高瞻远瞩和运筹帷幄,还表现在对首钢现代化的总设计中。他不保守，积极吸收世界新技术信息，以"敢为天下先"的魄力，向新技术高峰攻关。例如，1979年，首钢2号高炉易地大修，采用国内外37项炼铁新技术，成为当时中国第一座最先进并达到世界先进水平的现代化高炉，荣获1981年北京市科技成果奖一等奖，1985年国家科技进步奖一等奖。又如，首钢创造喷吹煤粉和顶燃式热风炉两项新技术，并出口欧美。同时，周冠五果断提议购买国外二手炼钢厂设备，改造创新建成首钢第二炼钢厂；并高瞻远瞩地一举买下秘鲁马尔科纳铁矿山，不仅对秘鲁当地经济和首钢发展做出贡献，亦为中秘两国关系起到积极推动作用。

首钢利润"承包制"，被评为"我国改革开放历史上对计划经济体制的一次重大突破和改革"。自此，首钢从计划经济体制下一个没有自主权的生产车间，转变为相对拥有一定生产经营自主权的大型企业。随之而来的还有首钢大规模并购，20世纪80年代后期至90年代初，周冠五带领首钢逐渐扩张，先后兼并中国北方工业集团所属的13家军工厂、原冶金部所属的2家地质勘察设计院、原中国有色金属总公司所属的3家建筑企业。再到香港上市公司，远及秘鲁、津巴布韦，组建越洋舰队，创办中国第一家工业企业银行，首钢介入全球钢铁、建筑、运输业务。首钢从单一的钢铁企业，发展成为以钢铁业为主，兼营矿业、机械、电子、建筑、航运、金融和海外贸易，跨地区、跨行业、跨所有制和跨国经营的大型企业集团，被国务院确定为120家试点企业集团和

512家重点企业之一。

1995年2月,经中共北京市委和冶金部党组对首钢领导班子的调整决定,并报中央同意,周冠五卸任首钢领导职务,时年77岁,离开奋斗了45年的首钢。2007年4月20日凌晨,周冠五逝世;4月26日上午,周冠五的遗体告别仪式在八宝山革命公墓一号厅举行。党和国家领导人送了花圈,北京市领导和首钢3000多人为他最后送行。首钢人为他写下的两副挽联真实体现他一生的奋斗历程和目标:一副是"戎马生涯打江山,呕心沥血建首钢",另一副是"做天下主人意味深长,创世界第一壮志凌云"。

回顾周冠五跌宕起伏的人生,令人感慨万千。青年时代,他投身争取民族独立与解放的抗日战争;解放战争时期,他率部队在冀鲁豫解放区坚持斗争。中华人民共和国成立后,他结束戎马生涯,投身我国的经济建设,来到石景山钢铁厂,迎着改革开放的暖风,率领首钢成为我国第一批改革试点企业,积极探索国有企业改革新方法和新路径;创造的"利润包干制""经济责任制""岗位责任制""递增大包干",都是国企改革的创举和壮举;"首钢经验"不仅将首钢推到全国钢铁业的首位,对国有企业改革也起到了示范作用。

## 罗冰生:钢铁巨舰的掌舵人

罗冰生,1940年8月生,重庆璧山人;1965年12月加入中国共产党。1958年是中国大地上大炼钢铁的年代。罗冰生受到全国大炼钢铁积极热情的感染，在这一年填报大学志愿时，他毫不犹豫地填写了"贵州工学院冶金系炼钢专业"。经过四年的专业学习，1963年2月毕业分配到石景山钢铁厂；此后整整40年，他从厂里一名普通技术员，靠着自己的勤奋、努力、踏实和认真，历任科长、处长、部长、副总经理、代总经理，直到党委书记、董事长。1992年8月，罗冰生正式出任首钢总经理；2000—2003年，任首钢总公司党委书记、董事长，成为这个钢铁巨舰的掌舵人；2003—2011年，任中国钢铁工业协会常务副会长兼秘书长等。

2001年，在中国即将加入世界贸易组织（WTO）的新形势下，罗冰生对首钢面向21世纪发展战略进行了深入思考。首先分析了首钢面向21世纪的宏观环境，将面临世界经济一体化影响；科技发展的影响，科学技术的发展突飞猛进，推进世界经济发展的主要动力，已经由依靠资本、资源、人力的投入，转向依靠知识、技术和创新的投入；跨国公司发展带来的影响；传统产业的微利化、成本趋同化趋势。其次，提出首钢21世纪的发展战略。罗冰生根据首钢当时存在的问题：第一，钢铁产品品种单一，技术含量低；第二，富余人员多，劳产率低；第三，首钢集团的盈利水平低，部分子公司、独立厂处于亏损状态，有的子公司还是亏损大户，经营相当困难；第四，首钢的非钢产业市场竞争力弱，主要依托钢铁生产主流程生存。再则，根据首钢现存问题，提出实施战略性结构调整的指导思想，指出首钢战略性结构调整的主要内容包括用高新技术改造钢铁业、加快首钢高新技术产业的发展、积极发展首钢的海外事业。同时，为确保首钢发展战略的可靠性，自1995年起，首钢建立了现代企业制度，历经集团化改革阶段、制度建设阶段、规范化建设阶段，全面加强企业管理，推进企业改革和发展，实施首钢发展战略。

2002年9月，为迎接党的十六大召开，央视财经频道《对话》栏目推出一期"罗冰生先生谈首钢的战略转型"报道。当时，首钢在发展传统产业的同时，引入一些高新技术，例如发展芯片产业，全盘引进日本NEC公司的先进技术，通过消化吸收，走上自主创新的道路，为实现中国"芯"而奋斗。

◎知识链接

日本电气股份有限公司（NEC Corporation），简称"NEC"，是日本一家跨国信息技术公司，总公司位于日本东京港区。NEC主要为商业企业、通信服务及政府提供信息技术（IT）和网络产品，其经营范围主要分为三部分：IT解决方案、网络解决方案和电子设备。

报道中，罗冰生强调钢铁业仍然是首钢的主业，是首钢发展高新技术产业的基础，是大本营；并指出首钢转型的两个任务，一是大力发展高新技术产业，二是用高新技术来改造首钢的钢铁业。此外，钢铁业自身也有一个工艺升级、产品换代、增加产品的技术含量、提高市场竞争能力的问题。罗冰生还讲道，一个企业在转型过程中可能出现断层的客观事实。对此，首钢的方针是：第一，钢铁业紧抓不放，尽快使钢铁业实现工艺升级产品换代，提高钢铁业的国际国内市场竞争力，这是首钢的基础，大本营不能丢；第二，对高新技术产业的发展，特别是芯片产业的发展，要加大力度、加快步伐、加大投入，同时认真总结经验，摸索行业发展规律，尽快实现做强、做大的目标，使芯片产业成为首钢第二个经济发展的支柱。简而言之，首钢改革，将来发展出两个支柱产业，一个是钢铁支柱，另一个是高新技术的微电子、芯片的支柱。

罗冰生认为，首钢面对转型，最大的障碍是人们思想上的障碍，人们对转型认识不理解，对转型要求及转型碰到的困难缺乏足够的估计。从这个意义上讲，解放思想、与时俱进、开拓创新是关键。他还提出，面对新世纪，建设新首钢；这个新首钢，是一个拥有自主知识产权、科技不断进步、以高新技术产业为主体的首钢；彼时首钢主业，一个是高新技术的芯片产业，一个是现代化都市化的钢铁业；展现在人们面前的是一个科技首钢、绿色首钢、人文首钢，一个技术、人、环境高度协调一致的首钢。

2002年11月，党的十六大报告指出："实现工业化仍然是我国现代化进程中艰巨的历史性任务，要走出一条科技含量高、经济效益好、资源消耗低、环境污染少、人力资源优势得到充分发挥的新型工业化路子。"罗冰生指出，为改造钢铁业，走新型工业化道路，首钢做出5项重点安排：一是压缩北京地区的钢铁生产规模，通过调整产品结构，确保盈利水平不降低；二是逐步淘汰焦炉、烧结机等生产污染的设施；三是进行全面、全过程的环境治理，实现钢铁生产清洁化；四是加快技术进步，实现钢铁生产精品化；五是积极参加华北地区钢铁企业的联合重组，向北京以外地区转移部分钢铁生产能力，统一规划和协调企业集团内部各单位的资源、产品、市场、价格及分工等。

罗冰生在任上的一大遗憾是首钢没有上轧钢生产线，他曾想"硬着头皮干，出了事我负责任"，但后来考虑北京上了这条线还得拆掉，所以忍痛放弃。如今，这些项目都放在唐山曹妃甸建设的首钢新厂。

## 朱继民：高瞻远瞩的领头人

朱继民，1946年3月生，安徽宿县人。1965—1970年，授业于沈阳东北工学院矿建系。1970—1997年，在鞍钢工作，历任技术员、组织干事、副厂长、鞍钢总经理助理兼进出口公司总经理、鞍钢供销公司党委书记；1997—1999年，历任水城钢铁集团党委副书记、董事长、总经理、党委书记；1999—2012年，历任首钢董事、副总经理、党委副书记、副董事长、总经理、党委书记、董事长。

△ 朱继民（首钢提供）

首钢搬迁之前，在北京的地位举足轻重，多年来一直是北京的主要利税大户和经济支柱。20世纪末，由于环保要求越来越高，首钢是否搬离首都的争论越来越激烈，首钢压力越来越大，广大干部、职工思想的波动越来越厉害，首钢正处在十字路口，朱继民临危受命，来到举步维艰的首钢。很多时候，一个企业的兴衰，关键在掌门人。此时的首钢何去何从，非常考验领导班子驾驭异乎寻常的复杂局面的能力。

朱继民在来首钢之前，曾在水城钢铁公司（简称"水钢"）工作三年，带领职工仅用一年半时间把企业从亏损中拯救出来。后来，朱继民被调到首钢，年过53岁的他，本以为水钢是退休前拼搏苦战的最后一站，不曾想，更艰巨的任务等着他。50岁左右正是掌控局面、大有作为、大放异彩、创造辉煌的好时候，这个年龄段的人，没有春日的稚嫩，亦没有夏日的狂躁，恰好是最沉实、最精美和最五彩缤纷的收获季节。

1999年，首钢正面临着因北京申奥而陷入要么搬家，要么转产的两难境地。这一年年底，朱继民走马上任，首钢党委常委、董事、副总经理；2000年7月，担任首钢党委副书记、副董事长、总经理。在此期间,他深入基层调研,了解首钢面临的困境,并想尽办法解决实际问题,对首钢有了更深入的了解和认识,很快从陌生人变成首钢人。首钢所面临是否搬家的困境,不是单靠企业自身能够破解的难题,需要多方调解、协商,拿出一个十全齐美的解决方案:既保首钢,又保首都,还保环境,更保安定。

2000年左右,首钢综合实力已从20世纪90年代初的全国第三的第一集团跌入第二集团,并仍在继续下滑;首钢生产规模从全国第一下滑至第四;技术滞后、产品单一;资金积累能力、自主创新能力、资源整合能力、供应链建设能力已不能与第一集团同日而语;加之20世纪80—90年代首钢并购扩张,造成企业积重难返。组织上对朱继民很信任,国家对首钢的重托,不仅很重、也很难;2002年年末,他正式接任首钢党委书记、董事长,成为首钢改革开放后的第四代掌门人。

现代管理学家德鲁克曾说:"没有战略的企业就像流浪汉一样无家可归。"战略目标制定不当,对企业未来发展将是灾难。朱继民上任后,多次组织召开领导层会议,明确提出大家集思广益,发挥集体智慧,以避免和减少战略决策失误可能带来的不良后果。关于首钢未来发展重大问题方面,首钢领导个个殚精竭虑、废寝忘食,共同度过一段最忙碌且痛苦的日子,为谋划首钢新发展战略,做出了重大的历史选择。

2003年3月,朱继民接受媒体采访,代表首钢领导层表态:

"首钢压产是一种结构性调整，作为首都最大的国有企业，首钢始终是北京经济的重要支柱。但由于以高新技术为核心的首都经济快速发展，以及北京举办2008年奥运会对环保提出更高要求，首钢将通过调整来适应这种新情况。首钢如果不发展钢铁业可能会导致集团全面瘫，因此，钢铁主业发展如果解决不好，对首钢将是毁灭性的打击。"这是对首钢未来发展的明确态度，即只有发展钢铁业，首钢才有未来。"钢铁业"是首钢生存之本，必须保住钢铁业，让其成长、发展、壮大，朱继民和他的领导团队决心担当此重任。

2003年8月，在国家发改委委托中咨公司召开的"首钢涉钢系统搬迁评估会"上，朱继民、王青海代表首钢表态："无论首钢北京钢铁业是部分压产搬迁，还是全部压产搬迁，都希望国家尽快予以批复，首钢都坚决服从！"2004年9月，朱继民、王青海等首钢总公司领导做客新华社，通过新华社向社会透露首钢领导层对钢铁业搬迁发展的决心和信心，"首钢1994年排第一，现在是第四，排在宝钢、鞍钢、武钢之后，因为首钢有8年时间钢铁业没有得到发展。现在，首钢处在历史转折点。党的十六大提出坚持科学发展观，这时解决首钢问题，正是时机……按照国家钢铁产业布局，首钢迁到曹妃甸，工业布局合理，利用搬迁实现改造升级，通过搬迁解决散、弱、小问题。首钢搬迁是一举多得的事，这一步走好，对其他大钢企也有示范意义。"朱继民代表首钢领导层向媒体，亦向社会公众郑重承诺："我们宁愿不要乌纱帽，也愿意完成这次历史性搬迁改造,建设一个 21 世纪先进水平的新首钢。"这一次是首钢人主动提出"首钢搬迁",一次震撼人心的表态。朱继民和首钢领导曾在一年多时间里辗转于北京、河北等地,最终做出集体决定:"搬迁!"

2005 年 2 月,国务院批准首钢实施压产搬迁、结构调整和环境治理方案。首钢真正站在新起点上,面对新机遇和挑战,首钢领导层向全体干部职工提出:"要把前所未有的压力和挑战,转变为前所未有的机遇和动力,立志创新创优创业。"同时,朱继民和领导层成员达成共识:"我们要站在全球背景下,站在国家发展高度,着眼首钢未来和广大职工的前途命运和切身利益,把新首钢建设好,绝不做首钢的末代皇帝!"

2010 年 12 月 20 日,北京石景山燃烧了 90 多年的钢铁炉火熄灭,新首钢已在全国多地开花结果。2005—2010 年,五年间,首钢产业布局呈现新跨越,钢铁业从北京石景山走向渤海湾,实现从"山"到"海"的转移,这是集团布局的重大调整,是产品结构的重大转变和技术、工艺水平质的提高,建立了产销研联合协作的技术创新体系,由长材向高端板材和精品长材转型取得历史突破。首钢京唐建成新一代可循环钢铁工艺流程,成为具有国际先进水平的精品板材生产基地和发展循环经济的标志性工厂。首钢调整搬迁的新起点,使首钢开辟了钢铁业的新发展空间,亦开辟出北京转型发展新空间。

红色
工業

# 第 13 章
## CHAPTER THIRTEEN

# 首钢搬迁——凤凰涅槃浴火重生

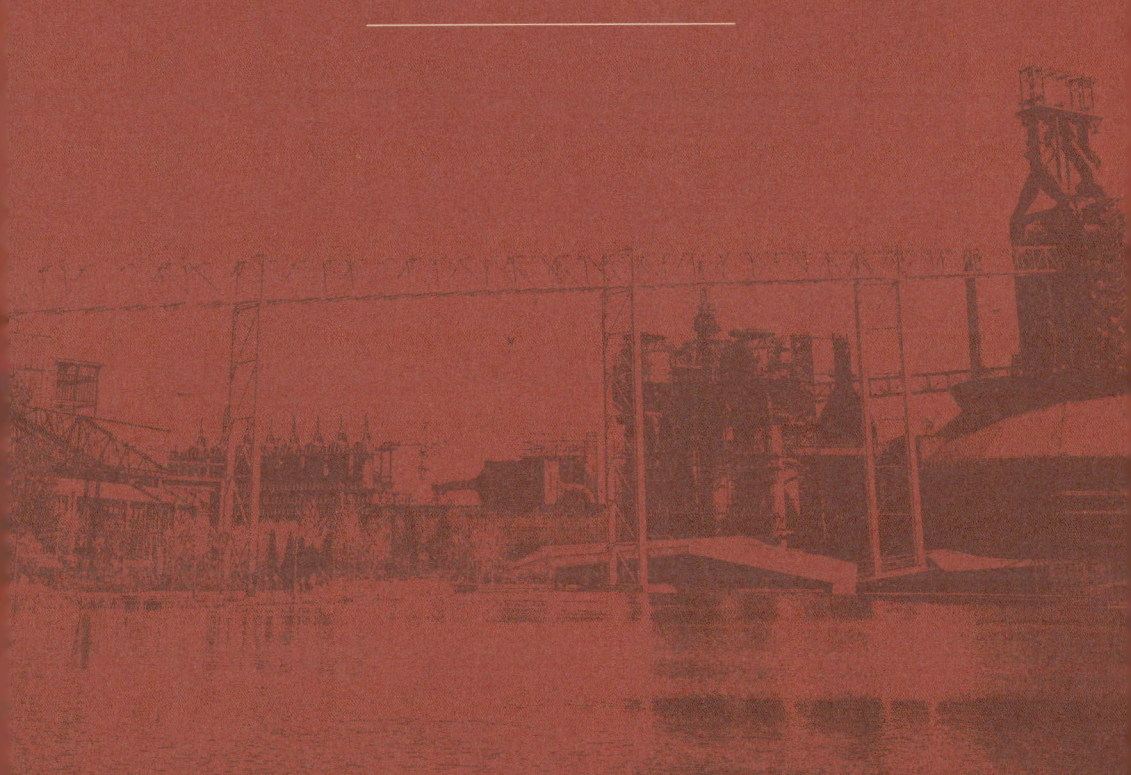

2005年2月4日，国务院总理办公会批准了国家发改委上报的《国家发改委关于首钢实施搬迁结构调整环境治理意见的请示》，同意首钢在河北省唐山地区曹妃甸建设一个具有国际先进水平的钢铁联合企业。据此，首钢和唐钢共同出资成立了项目法人单位——京唐钢铁公司。2010年6月，京唐钢铁公司一期工程建成投产，标志着中国拥有了一家真正意义上的临海现代化大型钢铁厂。2010年年底，首钢北京钢铁主流程全线停产；2011年1月13日，首钢文馆举行首钢钢铁主流程停产仪式，标志着首钢结束了91年来在北京石景山区生产钢铁的历史。同时，首钢京唐建成了中国首个临海靠港的千万吨级钢铁企业，实现凤凰涅槃，浴火重生。

## 凤凰涅槃：首钢大搬迁

百年首钢积淀了丰厚的历史文化底蕴，承载着共和国工业发展记忆，始终是中国工业企业改革的一面旗帜。进入21世纪，首钢自觉服从国家奥运战略，率先实施钢铁业搬迁调整。首钢在北京石景山区的老工业基地成为国家首批城区老工业区搬迁改造试点，目前正在打造新时代首都城市复兴新地标。首钢的涉钢系统搬迁，是一个地处北京石景山，对首都经济和社会发展做出过重大贡献，对中国工业改革和城市改革做出过艰难探索，并创造和提供过宝贵经验的特大型钢铁企业史无前例的一次大搬迁，也是我国钢铁产业工人史无前例的一次大迁徙。

导致首钢搬迁的直接原因是2008年北京奥运会，同时亦是首钢响应中国钢铁工业生产布局的战略性调整。2000年，首钢集团公司提出《首钢"十五"钢铁业总体改造规划》（简称《首钢"十五"规划》）。该规划提出，首钢钢铁业"十五"期间发展思路为：压缩规模、治理环境、工艺升级、产品换代、淘汰落后。2001年年初，原国家经济贸易委员会（简称"国家经贸委"）委托中咨公司对《首钢"十五"规划》进行评估；同年7月，针对规划内容，中咨公司召开评估专家座谈会，专家指出，首钢规划评估是件大事，不能就首钢论首钢。换句话说，首钢并不是压缩产能的问题，而是要彻底搬离北京，只是要采取妥善的办法和选择合适的时机。

2001年7月13日，北京申办2008年奥运会成功，城市面临的环境治理压力越来越大。因为首钢发展要服从北京市功能的要求，所以搬迁只是一个时间问题。而且首钢搬迁不是将现有设施简单搬迁的事情，而是要按照世界和中国钢铁工业发展趋势及钢铁工业布局等需求，研究搬迁方案。由此，首钢面临的选择有三，"积极准备搬迁是上策，等待搬迁是中策，反对搬迁是下策"。所以，首钢要服从北京城市发展功能的需求，涉钢系统搬迁；同时，借助搬迁机会，首钢进行全面的结构调整，彻底改变产品结构不合理状况；此外，涉钢系统搬离北京后，首钢总部和研发体系可留在北京。

在国家、河北省、北京市和首钢等各方领导经过多年的考察、论证和研究后，朱继民等首钢领导于2004年9月通过新华社面向社会公众表态，首钢人主动提出"首钢搬迁"。2005年2月4日，国务院总理办公会批准国家发改委上报的《国家发改委关于首钢实施搬迁结构调整环境治理意见的请示》；同年2月28日，国家发改委以"发改工业〔2005〕273号"文件下发了《国家发展改革委关于首钢实施搬迁、结构调整和环境治理方案的批复》，同意在河北省唐山地区曹妃甸建设一个具有国际先进水平的钢铁联合企业作为首钢搬迁的载体,新建钢铁联合企业以首钢为主,联合河北唐钢,建立一个股权多元化的混合经济体。据此,2005年10月,首钢和唐钢共同出资成立项目法人单位——京唐钢铁公司。

2005年6月30日,首钢炼铁厂5号高炉正式停产,光荣退役。这是国务院批准首钢实施搬迁调整后关闭的第一座大型设备。5号高炉熄火,标志着首钢北京地区的涉钢系统压产、搬迁正式启动。2008年1月5日,首钢炼铁厂曾连续生产35年零2个月的4号高炉熄火停产。同期,首钢集团举行发布会,宣布首钢北京地区涉钢产业压产400万吨工作正式启动;且于一季度末,首钢第三炼钢厂全部停产。自2008年第四季度起,首钢石景山区仅保留1号

△ 2005年6月30日,首钢炼铁厂5号高炉停产仪式(首钢提供)

第13章　首钢搬迁——凤凰涅槃　浴火重生

△ 首钢 3 号高炉（潜伟　拍摄）

和 3 号两座高炉及四台烧结机进行生产。2010 年 12 月 18 日，首钢 3 号高炉炼出最后一炉铁水；12 月 19 日，首钢第二炼钢厂 1 号转炉炼出最后一炉钢；12 月 20 日，首钢高速线材厂生产出最后一批钢材；12 月 21 日，首钢北京钢铁主流程全面停产。

△ 2010 年 12 月 19 日，首钢第二炼钢厂冶炼出最后一炉钢（百年首钢发展历程主题展）

△ 2011年1月13日，首钢北京石景山钢铁主流程停产仪式（首钢提供）

钢铁生产是一个比较危险的行业，停产过程如果处理不好，极易酿成事故。尤其像首钢这样特大型钢铁企业产业转移，世界上都无先例；没有可借鉴的成功经验，首钢人完全靠自己摸索，提前对2.1万人次所有参与停产的人员进行操作资格培训，并准备了16个不同类型的紧急预案，以保证安全停产。通过各种举措，历时128小时，首钢完成10个厂矿的停产工作，包括第二炼钢厂、炼铁厂、焦化厂、电力厂、动力厂、型材厂、高速线材厂等。全体首钢人经过不懈努力，2010年年底首钢石景山厂区钢铁主流程，最终实现经济、安全、稳定地全部停产，拥有91年辉煌历史的首都工业巨子出色完成搬迁的历史使命。

首钢在北京地区减产、停产的同时，也在河北渤海湾开始艰苦卓绝的新奋斗，拉开强企之路的新篇章，一个崭新的现代化钢铁企业正在拔地而起。

## 浴火重生：海上新钢城

首钢搬迁调整是首钢人对国家的承诺，是顾全大局，是为人先，践行中国钢铁工业渤海湾沿岸钢铁工业区布局，开创了中国钢铁由内地向沿海搬迁之先河。首钢搬迁调整关键在人，一流的设备、技术、产品和管理，均需要由人来落实。2006年11月1日至12月15日、2007年1月4日至2月17日，首钢为适应搬迁调整和未来发展需求，实现产品结构转型，分别选派两批钢铁老厂45名技术骨干到国际上板材生产先进的蒂森公司参加炼钢、热轧、酸洗和冷轧的技术培训。首钢人传承发扬"敢闯、敢坚持、敢于苦干硬干、敢担当、敢创新、敢为天下先"的精神，为完成搬迁大业，无数首钢人抛家舍业奔赴异地他乡。

2007年3月27日，京唐钢铁公司开工建设（2005—2006年主要是围海造地），2010年6月建成投产，工程总投资约677亿元。建设内容主要包括：4座70孔7.63米焦炉及配套干熄焦装置、2台500平方米烧结机、1台504平方米球团带式焙烧机、2座5500立方米高炉、4套KR铁水脱硫装置、5座300吨转炉（其中2座

△ 2007年3月12日，京唐钢铁公司项目开工典礼（首钢提供）

△ 2009年5月21日，京唐钢铁公司1号5500立方米高铁出炉（首钢提供）

△ 京唐钢铁公司曹妃甸厂区5500立方米高炉（首钢提供）

为脱磷转炉）、5套钢水精炼装置（1座LF精炼炉、2座CAS精炼炉、2套RH真空精炼装置）、3台双流板坯连铸机（2台2150毫米、1台1650毫米）、2套热连轧机组（2250毫米、1580毫米机组各1套）、3套酸洗—冷轧联合机组（2230毫米、1700毫米、1450毫米机组各1套）和相应的辅助设施，以及码头、综合料场、石灰（4座500立方米套筒窑）、制氧机（2台75000立方米/小时制氧机）、发电机组（2台300兆瓦机组）、海水淡化装置（4套1.25万吨/日淡化装置）等公用设施。2014年年初，首钢向国家发改委提出建设二期工程申请；2014年7月，国家发改委委托中咨公司对二期工程《项目申请报告》进行评估；2015年8月，京

△ 海上钢城——京唐钢铁公司（首钢提供）

唐钢铁公司举行二期工程开工仪式。京唐钢铁公司的建成投产，标志着我国拥有了一家真正的临海现代化大型钢铁厂。

　　首钢京唐钢铁公司建设主要体现了四大特点。一是自主创新、技术先进。主体工艺装备采用国内外先进技术220项，自主创新和集成创新占三分之二以上，设备国产化率约占价值的70%。二是装备大型、产品一流。三是流程紧凑、管理高效。总图布置最大限度做到紧凑合理、流程顺畅，缩短物流运距，节省占地，吨钢占地为0.9平方米；广泛采用自动化信息技术，建设基础自动化、过程控制、生产制造三级系统和企业资源计划系统，实现生产过程控制自动化、生产管理智能化、经营管理信息化、办公系统现代化。四是循环经济,环境清洁。以"减量化、再利用、资源化"为原则,对余热、余压、余气、废水、含铁物质和固体废弃物充分循环利用,基本实现废水、固体废弃物零排放设计。同时,为解决京唐钢铁公司先进技术来源问题,首钢在集团内部建立首钢技术研究院、下属各公司建立研究分院、厂矿技术研究所三个层次,形成"一级研发、多地分布"的产销研紧密结合的技术创新体系。

此外,京唐钢铁公司完全按循环经济理念设计,形成了一种以资源高效利用和循环利用为核心,以"减量化、再利用、资源化"为原则,以低消耗、低排放、高效率为基本特征,兼顾发展经济、节约资源和保护环境的一体化战略。京唐钢铁公司的建设,不仅为曹妃甸工业区的开发带来资金、技术和人员,为沿海工业区建设积累了建厂经验,更为曹妃甸吸引来全国乃至全世界的目光,带来不可估量的经济效益;随着曹妃甸工业区的开发及生活设施、环境的改善,又对京唐钢铁公司进一步提高效益、吸引人才、稳定队伍、发展壮大起到重要推动作用。

京唐钢铁公司项目是国家继宝钢之后,批准的又一个特大钢铁项目,是在新历史起点上,作为首钢搬迁的载体在沿海建设的全新钢铁企业。作为世界知名特大型钢铁企业,首钢走过100多年的奋斗历程,曾跨越一个个激流险滩,创造出一个个辉煌业绩。目前,首钢历经浴火重生的考验,它的骨骼与躯体更加强壮有力,它的头脑更加睿智、信念愈加坚定。首钢昂首阔步走在中华民族伟大复兴的道路上，将创造更加辉煌与多姿多彩的美好未来。首钢搬迁调整，历经凤凰涅槃、浴火重生的考验，使其步伐和信念更坚定。

红色工业

第 14 章
CHAPTER FOURTEEN

工业遗产之"并蒂花"
——"冬奥"与"科幻"

首钢，作为百年企业，始终与国家、民族的命运紧密相连。

为了举办2008年奥运会，首钢自2005年开始将钢铁生产搬迁至渤海湾曹妃甸等地。首钢北京石景山厂区腾出约8.63平方千米的旧厂区可供新开发。作为国家城市老工业区搬迁改造试点，首钢老工业区的改造升级，不仅对首钢转型发展至关重要，而且对探索和积累我国城市老工业区改造经验也具有重要意义。

2015年，首钢紧抓2022北京冬奥契机，争取北京冬奥组委进驻北京首钢园区，牵手『冬奥』再结缘。同时，首钢园作为典型的钢铁工业设施密集分布区，活化利用具有特色和代表性的、完整的钢铁工业遗存，培育发展『体育＋』和『科技＋』产业生态，努力打造科幻产业发展新高地，推动北京成为科幻领域具有世界影响力的中心城市。

## "双奥"之缘：首钢园发展"体育+"

2012年，北京市政府批复《新首钢高端产业综合服务区控制性详细规划》，首钢园区依照关于"工业资源保留再利用"的要求，遵循"区域性保留再利用+结构性保留再利用"的分层工业资源保护原则，确定36项强制保留、42项建议保留、124项其他重要工业资源。首钢园区通过对工业遗存的活化保护与再利用，使其焕发新活力。2015年7月，北京2022年冬奥会申办成功。同年年底，首钢集团紧抓北京筹办冬奥会契机，在北京市政府的大力支持下，积极争取冬奥组委入驻北京首钢园区；2016年，北京2022年冬奥会和冬残奥会组委会正式入驻园区；从此，昔日"火

◎知识链接

　　遗存，考古学专业术语，一般用作遗物和遗迹的合称。遗产，通常有两种释义，一种是物质上的、民法学上的概念，即财产；另一种是文物保护和文化遗产领域的名词，指历史上遗留下来的精神财富。"遗存"与"遗产"最大的区别在于"遗存"的物质性、"遗产"的价值普遍认可性。

　　工业遗存，指工业遗物和工业遗迹/遗址的合称。并非所有的工业遗存都是工业遗产，工业遗产是具有历史、科学、技术、美学、社会、经济、文化等价值的工业遗存。

第14章　工业遗产之"并蒂花"——"冬奥"与"科幻"

热"的老厂区，与冬奥会和冰雪运动结缘。借助冬奥契机，首钢园发展"体育+"，搭载京西经济新增长极，开启百年首钢凤凰涅槃、重获新生的篇章。

首钢园作为国家城区老工业区搬迁改造试点、国家服务业综合改革试点区、国家可持续发展试验区、中关村国家自主创新示范区，得到政府的支持。目前，首钢已将高炉筒仓、料仓改造为冬奥组委办公区；与国家体育总局共建体育产业示范区，将电力厂精煤车间改造为国家冬季运动训练中心，冬奥组委和国家队冰上队伍已先后入驻训练、备战冬奥；冬奥会正式比赛场馆——滑雪大跳台选址首钢园区内，且已建成。首钢园区聚焦挖掘西山永定河历史文化、近现代工业文化和当代"双奥"城市文化价值，注重工业遗存空间活化与历史文化带建设相结合，创建工业文化、冬奥文化、历史文化交相辉映的首钢园区，力争提供中国风格的老工业区转型升级范例。

目前，首钢园内的所有改造与重建均与美国某顶级设计公司合作，在保留原有建筑风貌特色的基础上，融合现代元素，呈现近城山水、工业遗存、"双奥"文化的独特韵味，以打造与场地形成高度黏性、不可复制的特色活动。其中，西十筒仓原为首钢炼铁厂的原料存储区，当时在火车运输系统中编组为西十线，由此得名，并沿用至今。该区域原包括16个筒仓、2个料仓及若干空中运输通廊、转运站、空压机房、除尘设备等工业遗存；2013年，西十筒仓改造项目被国家发改委列为全国老工业区搬迁改造首批试点，开始利用其中6个筒仓及1个料仓，进行改造。目前，它们已改造为冬奥组委办公区，为冬奥筹备与组织协调工作起到有效保障。

2017年3月，首钢与国家体育总局签署《关于备战2022年冬奥会和建设国家体育产业示范区合作框架协议》；2018

△ 西十筒仓

年5月，首钢园运动中心成立运营保障四块冰场；2018年6月底，首钢园运动中心冰场正式迎接国家队入驻。随着冬奥组委进驻首钢园办公，园区内的体育资源日益引起国际关注，国际冰联、国际雪联、国际壶联等单项体育组织均在首钢园举办世界级赛事。此外，国际奥委会已同意将首钢园部分区域命名为"北京冬季奥林匹克公园"，未来将以"奥林匹克"为核心开发、运营园区内的体育产业。

据首钢园运动中心提供的资料《首钢园体育资源介绍及发展冰雪、潮流运动设想》获悉，国家冬训中心拥有短道、花样、冰壶、冰球4个符合奥运级、国家级、赛事级标准的专业冰场，均

△ 首钢园国家冬季运动训练中心（首钢提供）

利用老工业厂房改造而成。目前，中国国家队在冬训中心训练备战。其中，冰球馆由美国甘斯勒（Gensler）公司参照北美地区的综合性体育场馆标准设计，能够进行多功能场地转换，举办冰上赛事，或举办篮球比赛、演唱会等活动，属于国际一流中小型专业场馆。2019 年，冬训中心先后举办了中芬冬季运动年开幕式、2019 国际冰联女子冰球世锦赛甲级 B 组、2019 国际壶联冰壶世界杯、KHL 冰球联赛昆仑鸿星主场、2022 北京冬奥吉祥物发布仪式、中国短道速滑精英联赛等活动。

　　滑雪大跳台为 2022 年冬奥会正式比赛场馆，毗邻长安街，是北京城区唯一的雪上项目比赛场地，全球首例永久保留并持续运营的大跳台。大跳台主题以敦煌飞天壁画为设计灵感，以群明湖、永定河为背景，为北京西部的地标性建筑。大跳台拥有

△ 2019—2020 赛季 KHL 大陆冰球联赛（首钢提供）

4000 余座席，南侧拥有近 1 万平方米的大型广场和若干工业遗存建筑，北侧为 15 万平方米的群明湖，湖岸周边为利用工业管廊改造的 1.6 千米长的空中步道。这个区域不但可以举办滑雪大跳台比赛，还可以举办极限滑板、水上航模、户外展览、音乐演

△ 滑雪大跳台

出等活动，运营空间很大。目前，首钢园滑雪大跳台已成功举办2019沸雪北京国际雪联单板及自由式滑雪大跳台世界杯。

首钢极限公园是首钢园区第一个以极限运动为主题的场地项目。北临阜石路、西临凉水池东路、东近金安桥交通枢纽。场地包含三个板块：攀岩运动区、轮滑运动区和休闲活动区。轮滑区场地包括热身活动区、街式比赛区、碗池比赛区，不仅可以满足专业比赛项目，而且可以面向轮滑爱好者开放；攀岩区含三组攀岩墙体，主体为钢结构，分为速度道、抱石区、难度道，攀岩设施符合国际化标准，可进行国际认可的极限攀岩赛事，同时也集成儿童等非专业人员参与的攀岩区域，为公众增加更多可参与性。首钢极限公园可面向大众运营、承接省级以上队伍训练、举办各类极限赛事活动。

△ 首钢极限公园——轮滑运动区（首钢提供）

同时，首钢亦在改造园区内极具钢铁工业遗产标志的炼铁高炉。其中，3号高炉是首钢园区内最典型的工业风建筑，1959年5月22日建成投产；这座高炉一直生产到1970年2月才进行大修，生产周期长达11年，是首钢大修首破10年纪录的一座高炉；1992年3号高炉移地大修，于1993年建成投产，2010年12月冶炼出最后一炉铁水后熄火停产，是中国长寿高炉。3号高炉充分利用高炉内部空间、地下空间，与秀池融为一体。目前，这里已举办中国国际服务贸易交易会（京交会）、奔驰新车发布会、BTV跨年晚会、科幻大会等活动，也可承接电竞、体育展会等活动。

△ 3号高炉与秀池

首钢园区内分段开放的全球最长高线步道，即长8千米的空中步道，由原来分布在空中，用于运输煤气、氧气和水等工业物料的工业管廊改造而成，可为参观者提供观景、休息、游园等诸

第14章 工业遗产之"并蒂花"——"冬奥"与"科幻" 203

△ 工业管廊改造的高线步道

多体验。再则，园区内道路以明显的工业风建筑为背景，与园区外的永定河河堤路共同构成特色道路；且园区可规划10千米路跑赛道，与园区外道路和永定河河堤路结合，可规划半程马拉松赛道。石景山位于首钢园区西北部，海拔183米，拥有众多名胜古迹，既是城市公园，又可以运营户外运动项目。此外，首钢园区东部被规划为城市织补广场、国际人才社区，首钢老百货大楼、原首钢办公楼改造后变身为"世界侨商创新中心海外院士专家北京工作站新首钢办公区"，转型成为连接海外院士专家，汇聚侨心、侨智、侨力的国家公共行政服务平台，成为辐射和服务全国海外院士专家工作站建设的中心枢纽。

目前，首钢园已利用冰球馆、首钢滑雪大跳台、园区内开放空间和道路等资源，承接一系列国际赛事活动，2019—2020年，首钢园区内共举办 30 余项 100 余场（次）体育赛事活动，其中国际级赛事 10 余项、国家级 4 项、多项省市级、多项商业赛事。通过承接上述活动，首钢园逐步树立起体育行业内的品牌形象，其独具特色的工业园区风格，与冬奥会紧密结合，引起业内广泛关注。国际奥委会主席巴赫多次来到首钢园，称赞首钢园的保护性改造是一个很棒的想法。他强调，北京冬奥组委选择在首钢园办公，让老工业遗存重焕生机，工业旧址上建起标志性建筑，首钢工业遗存保护性改造的理念在全世界都可以说是领先的，是一个"让人惊艳"的城市规划和更新的范例，为工业遗存保护与再利用做出了一个极佳的示范。

奥运会见证了北京的城市发展，亦带动了首钢的工业转型。首钢园的业态在转型，但首钢精神历久弥新，首钢人紧紧围绕服务保障冬奥，锻炼能力、提高素质、收获自信。昔日一线炼钢工人刘博强成功转型为技艺精湛的制冰、扫冰师，与团队圆满完成国家队冰上训练与国家冰壶队选拔赛等各类重要赛事冰面维护工作，为国家队备战北京 2022 冬奥会贡献力量；曾经的天车"空姐"姜金玉转行成为冬奥讲解员，怀着"把冬奥故事讲给更多人听、讲给世界听"的心愿，至今已为国内外各界数万名来访者讲解数千场……他们的职业转型是首钢园整体转型的一个缩影，"坚守"与"新生"相伴，诠释着新一代首钢人的敢闯敢拼精神，见证了首钢老工业区凤凰涅槃的华丽"蝶变"以及从"火"到"冰"的跨越。

## 科幻产业集聚区：首钢园发展"科技+"

科幻产业包括图书、电影、游戏、主题公园，以及咨询、设计、科技创新、服务行业等诸多领域。科幻反映一个国家科学技术的进步和社会文化发展程度；科幻产业的发展不是一个纯粹的技术问题，它与科技文化、工业发展、社会经济息息相关。发展科幻产业，是展示综合国力、宣扬本国文化的有效途径之一。科幻天然具备承载、传播和普及科学的功用性，肩负着一定的社会功能，对加强青少年教育、提升国民素质均有裨益。借助科幻产业向世界传播中国文化。目前，美国和日本的科幻产业已趋于成熟，而我国科幻产业方兴未艾。

21世纪以来，随着我国文化产业的高速发展及科技水平的快速提高，我国科幻产业取得很大突破。尤其在近十年内，《三体》等国产科幻小说在国内外屡获大奖,《流浪地球》等国产科幻电影也取得令人瞩目的票房成绩，科幻影视、科幻文学等不同产业的突破性发展在中国掀起一阵"科幻热"。再则，近年来，暗物质粒子探测卫星、FAST项目、量子通信与科学实验卫星"墨子号"……一系列基础物理研究等自然科学领域的新术语、新实验、新实践正在刷新人们对科技、工业等领域的认知，这些将为中国科幻事业走向世界前沿提供知识储备保障。

2020年10月23日，北京市委书记蔡奇到首钢园调研，强调"活化利用工业遗存，培育发展'体育+'和'科技+'产业生态，把新首钢园打造成综合性孵化器、加速器。"科幻产业正是"科技+"的一种呈现方式。2020年10月31日，首钢园三高炉B馆举行"中国科幻研究中心"成立仪式，中国科幻研究中心正式落户首钢园。首钢园发展科幻产业具有得天独厚的优势，园区内工业遗存风貌突出，又因冬奥会引进很多现代科技设施、设备，为科幻产业聚集区建设奠定良好基础。

2020年11月1日，2020中国科幻大会在首钢园三高炉开幕。大会上举行了首钢园科幻产业集聚区揭牌仪式。同时，中国科协

△ 2020 中国科幻大会·科幻产业集聚区揭牌仪式

科技传媒与影视融合办公室和全国科幻科普电影放映联盟揭牌；中国科协与北京市政府签订了促进北京科幻产业发展战略合作协议。大会出席人员包括政府、地方科协、首钢、科技工作者、科幻业界代表，影视界人士和科幻爱好者等300余人；10余位来自美国、英国、日本等国家的科学家、著名科幻作家、科幻业界知名人士和全球科幻机构和组织代表通过线上方式参加大会。

首钢园拥有特色鲜明的工业遗存，发展科幻产业具有独特优势。同时，首钢借助冬奥品牌，有利于吸引和承接国内外资源，例如科幻影视、游戏、电竞、动漫、科幻角色扮演（cosplay）和会展等活动资源。2020中国科幻大会开幕式现场，石景山区发布科幻产业促进政策方案"科幻16条"，设立科幻产业专项资

△ 2020中国科幻大会·科幻角色扮演

金，鼓励和推动科幻产业集聚发展。首钢集团发布《首钢园科幻产业集聚区实施方案》，首钢园以工业遗址公园为载体，建设占地 71.7 公顷的科幻启动区。未来几年，首钢园将结合自身资源禀赋，打造科幻国际交流中心、科幻技术赋能中心、科幻消费体验中心、科幻公共服务平台，建设科幻产业集聚区，成为中国科幻产业发展的重要承接地和科幻产业创新展示的重要窗口，成为具有全球影响力的科幻产业特色园区。

2021 年 3 月 18 日，中国空间科学学会理事长、中国科学院国家空间科学中心吴季研究员的科幻新作《月球峰会》，在首钢园三高炉畅想书店举行首发式，这也是首钢园科幻产业集聚区科幻小说的首发。

△ 2021 中国科幻大会（首钢提供）

第 14 章 工业遗产之"并蒂花"——"冬奥"与"科幻"

2021中国科幻大会于2021年9月28日至10月5日举行,作为国家级科幻盛会,其为科技界、文化界和产业界的相互交流与深化合作搭建了重要平台,亦为广大观众近距离接触和体验科幻提供平台。自2020年11月,中国科协和北京市联合签署促进北京科幻产业发展战略协议以来,双方紧密合作,积极推动建立科幻产业联合体、设立科幻产业基金、设置科幻大奖等重点工作内容。短短一年内,科幻产业已在北京市石景山区首钢园形成集聚效应。

同步举办的北京科幻电影周、潮幻奇遇季和科幻秀场等活动,为广大青少年和科幻迷呈现了一场极具想象力和沉浸式体验感的科幻盛宴。首钢园特有的工业遗存与前沿科技交融碰撞于此,营造出工业遗存与新兴产业、文化与科技、传承与创新相互对话、

△ 2021中国科幻大会·北京科幻嘉年华之潮幻奇遇季(首钢提供)

△ 2021 中国科幻大会·北京科幻嘉年华之科幻秀场（首钢提供）

交相辉映的场域。例如，科幻产业新技术、新产品展聚集秀池，利用秀池的环形空间结构特征，采用沉浸式技术手段，突出"科幻·共同体"的展览主题，营造基于未来科技的"太空探险"场景；科幻秀场在首钢 3 号高炉上演科幻之美·光影秀；1 号高炉内打造了幻真乐园 VR 沉浸式体验场景；4 号筒仓内，清城睿现打造了沉浸式裸眼光影秀；五一剧场亦被打造成 UMPLAY 沉浸式科幻剧场等。足见，一个融合着工业遗存、科技元素和文化基因的未来科幻之城正在石景山首钢园萌芽、成长。

首钢注重保护性开发利用工业遗存，立足科学传播工业文化知识。目前，首钢园区内的工业遗存按照分区分类、能保则保、能用则用、保用结合的原则，基本完成首钢厂东门广场、群明湖、绿轴景观、三高炉及秀池、高线公园示范段、长安街西延等景观提升，形成大尺度生态空间和景观视廊；并持续推进高炉、焦化厂等一批工业历史建构筑物的改造利用工程，使其焕发具有鲜明特色的工业风貌，区域生态环境面貌焕然一新，初步形成山水－冬奥－工业遗产特色景观体系。

同时，首钢在保护性改造利用工业遗存时，保留了部分典型的工业建筑、设施或工艺流程的完整性和原貌，借助它们翔实地讲述与传播科学、技术、工业等知识，给参观者提供了沉浸式学习或体验场所，充分发挥了工业遗产承载的科学知识传播价值，即科普教育价值和意义。

工业遗产是工业文明的历史见证，是人类工业化进程的时代产物，亦是一类典型的资源可持续利用的新型文化遗产。当前首钢石景山老工业区以价值为导向，协同区域发展和城市转型，从工业遗产的多元化、活态化、复合性和战略性等特点出发，进行工业遗产保护与再利用工作，充分展现了工业遗产的历史价值、技术价值、科学价值、艺术价值、社会价值、文化价值、经济价值、生态价值和科普价值等重要价值和意义。

昔日"钢城"成为北京城市转型的重要标志之一，首钢园由"火"到"冰"，由"工"到"文"的转型蝶变，备受瞩目，未来可期。

# 参考文献

[1] 关续文. 首钢史话 [M]. 北京：中国广播电视出版社，2010.

[2] 胡景山. 钢铁传奇：百年首钢　百年中国钢铁传奇 [M]. 北京：中央文献出版社，2014.

[3] 卓宏谋. 龙烟铁矿厂志 [M]. 北平：北平东城十二条王驸马胡同四号，1937（民国二十六年）.

[4] 首钢党委组织部，首钢档案馆. 首钢足迹（上册）[M]. 北京：中央文献出版社，2009.

[5] 王海澜. 首钢简史：日本侵华时期的石景山制铁所 [M]. 北京：人民出版社，2012.

[6] 王立新. 首钢大搬迁 [M]. 石家庄：河北教育出版社，2009.

[7] 首钢总公司发展研究院. 浴火重生 [M]. 北京：人民出版社，2011.

[8] 中共北京市委宣传部，北京市思想政治工作研究会，首都钢铁公司. 首钢改革（上卷）[M]. 北京：北京出版社，1992.

[9] 首钢党委组织部，首钢档案馆. 首钢足迹：1919—2009（上册）[M]. 北京：中央文献出版社，2009.

[10] 高伯聪，宋传信. 我所经历的首钢巨变[J]. 北京党史，2010（2）：49-54.

[11] 高伯聪，许嘉利，关丽娟，等. 首钢购买塞兰钢厂始末[J]. 当代北京研究，2012（3）.

[12] 首钢党委组织部，首钢档案馆. 首钢足迹（下册）[M]. 北京：中央文献出版社，2009.

[13] 杜文田，许嘉利，关丽娟，等. 首钢从比利时拆迁塞兰钢厂[J]. 当代北京研究，2013（1）.

[14] 武志辉. 首钢拆移比利时塞兰钢厂的故事[J]. 北京档案，2018（7）：56-58.

[15] 侯雅丽，郑东海，王军军. 首钢精神　筑梦领航[N]. 首钢日报，2016-02-15（1）.

[16] 拉罗科. 海上帝国：现代航运世界的故事[M]. 金海，译. 上海：上海人民出版社，2019.

[17] 中国科学院地理研究所. 世界钢铁工业地理[M]. 北京：冶金工业出版社，1989.

[18] 霍根 W T. 21世纪的钢铁工业：竞争重塑世界钢铁工业新秩序[M]. 齐渊洪，牟慧研，等译. 北京：冶金工业出版社，1999.

[19] 陈子琦, 谷林. 共和国的钢铁岁月[M]. 北京: 人民出版社, 2017.

[20] 潘忠勤. 包钢第二炼钢厂炼钢工艺设计[J]. 设计通讯, 2003(2).

[21] 黄晋, 唐振炎, 毛庆武. 津巴布韦钢铁公司4号高炉修复工程[J]. 首钢科技, 2000(2).

[22] 毕景志. 全国劳模张新国退休了[EB/OL]. (2019-01-28)[2021-02-26]. http://mp.weixin.qq.com/s/hJiGH2r-A7bt3CqhD90t-A.

[23] 梁树. 钢铁巨擘: 安朝俊[EB/OL]. (2019-09-09)[2021-04-20]. http://www.csteelnews.com/special/1034/acds11/201909/t20190909_17181.html.

[24] 安朝俊. 高炉工作五十年[M]. 北京: 冶金工业出版社, 1992.

[25] 刘云彩. 从《炼铁》杂志刊名题字谈起: 回忆安朝俊[J]. 炼铁, 2000.04(2).

[26] 张明. 冶金人物: 安朝俊[EB/OL]. [2021-04-22]. http://www.csteelnews.com/special/602/607/201207/t20120711_69328.html.

[27] 许嘉利, 关丽娟. 谈判高手高伯聪[J]. 新天地, 2013(5): 30-31.

［28］汪静赫. 改革先锋周冠五［N］. 中国企业报, 2011-06-17（11）.

［29］徐人仲. 周冠五［J］. 学习与研究, 1989（12）.

［30］郝旭. 周冠五：大型国企改革的探路者［J］. 国资报告, 2019（4）.

［31］张军. 周冠五：承载一代改革人的命运［J］. 中国企业家, 2001（12）：101-102.

［32］周冠五：拉开国企承包制序幕［J］, 环球人物, 2008（24）：64.

［33］罗冰生. 对首钢面向21世纪发展战略的思考［J］. 中国冶金, 2001（2）：1-4.

［34］王京. 首钢党委书记罗冰生：开拓创新走新型工业化道路［N］. 人民日报, 2002-11-14（4）.

［35］何伊凡. 罗冰生：我所经历的钢铁业十年［J］. 中国企业家, 2007（7）：74-76.

［36］首钢集团有限公司. 首钢集团改革40年历程、成就和展望［A］// 中国钢铁工业协会编. 中国钢铁工业改革40年. 北京：冶金工业出版社, 2019.01：274-283.

［37］吴憬. 大转型：园区开发"蝶变"城市复兴［N］. 首钢日报, 2021-01-20（1）.

［38］首建投做好城市更新大文章乘势而上展现新作为［N］.

首钢日报，2021-02-19（2）．

［39］谢峰，刘娜．冬奥组委入驻首钢西十筒仓：一期入驻5号、6号筒仓 后期还将改造4万平方米工业设施［N］．首都建设报，2016-05-16（8）．

［40］王文婧．"奥运之问"的首钢答案：首钢打造城市更新服务新优势系列报道之一［N］．首钢日报，2018-06-13（1）．

［41］祝力新．媒体跨界：中国科幻产业的"IP制造"［J］．齐齐哈尔大学学报（哲学社会科学版），2020（7）：17-20．

［42］王大鹏，李赫扬．基于文献计量的科幻产业领域知识图谱分析［J］．齐齐哈尔大学学报（哲学社会科学版）．2020.11.25：32-36．

［43］许晓青，强力静，张漫子．中国作家再获雨果奖 外国人为啥突然爱看中国科幻？［EB/OL］．（2016-08-22）［2021-04-20］．http://www.xinhuanet.com/world/2016-08/22/c_1119434138.htm．

［44］祁梦竹，高枝．蔡奇在调研新首钢地区时强调聚焦"四个复兴"建设好新首钢地区［N］．首钢日报，2020-10-06（1）．

［45］王文婧，张雨．2020中国科幻大会在首钢园开幕：怀进鹏、陈吉宁为首钢园科幻产业集聚区揭牌［N］．首钢日报，2020-11-02（1）．

［46］张雨．首钢集团发布《首钢园科幻产业集聚区实施方

案》和科幻场景创意征集活动，首钢园将打造有全球影响力的科幻产业特色园区［N］.首钢日报，2020-11-02（1）.

［47］刘菲菲，杨旗.2021中国科幻大会在京开幕［N］.北京日报，2021-09-29（1）.

［48］于会营，高丽，赵昂.2021中国科幻大会在北京石景山开幕：北京科幻产业基金、科幻产业联合体、中关村科幻产业创新中心发起成立［N］.北京日报，2021-09-29（5）.

［49］张雨，王京广，孙力，等.科幻盛会点亮首钢园未来之光［EB/OL］.（2021-09-29）［2021-09-29］.http://shougang.com.cn/sgweb/html/sgyw/20210929/6885.html.

［50］乔智玮.全国首个科幻产业联合体在首钢园成立［N］.首钢日报，2021-09-29（1）.